不《ふ》羈《き》と抑制

批評的闘争の記録

清水 希有
Keu Shimizu

文芸社

目次

栗本慎一郎「の／に関する」脱構築（あるいは過剰‐蕩尽《とうじん》理論の黄昏《たそがれ》）

——詩を道連れに私は、論理的世界の死から無限の可能性が生れる一種の墓場に入ったのだ。——ジョルジュ・バタイユ『不可能なもの』〈註1〉

ここでは過剰－蕩尽理論について扱う。しかも、栗本体系の中で占める役割について読みずらして行くことが、ここでの目的である。

過剰－蕩尽理論は、差し当たり、名の通り、二つの部分から成るものと考えられる。そのうちの過剰理論とは、主立った例を引いてわかりやすく言えば、人間が人間であるための条件（すなわち栗本言うところのパンツ）は、余計なものとして生じてきた、ないしは産み出されたという理論である。しかし、これは人間性なんてものは余計なものなのだから、そもそも人間は人間にならぬ方が良かったのだ、という意味である（はずはない）。こういう考え方が誤解であることの理由は、そう考えてしまっては、やはり、有用性（役に立つかどうか）という通常の人間の目的合理性を暗黙のうちに前提してしまっているからなのであって、そうした目的合理性を過剰理論では根本的なものとは考えず、過剰して行く傾向ないしは過剰の事態（太陽エネルギーの贈与）をこそ根本的なもの（言わば前提）と見なしているのが黄色い脳味噌なのである。エネルギーの過剰（これを栗本は『幻想としての経済』〈註2〉では低エントロピーの物質に囲まれていること《＝と関係していること》としても考えている。このことを裏付けるのが「地球は太陽熱を利用したエントロピー放出のシステムを利用した開放定常系だ」という思想であった。地球も人間が糞をひるように、高エントロピーの物質を排泄《はいせつ》している、というわけだ。本当かどうか、私は知らない）という状態は当然なことであるし、過剰を作り出す傾向は人間の本性なのである（かどうか、私は知らない）。

先ほど、「過剰－蕩尽理論は二つの部分から成る」と書いたが、このことは何もこの両者、すなわち過剰理論と蕩尽理論が、それぞれ独立したものとして語られるべきだという意味ではない。むしろ、二つの部分は独立したものとして考えられてはならない。栗本によれば、人間が過剰を作り出すのは蕩尽（消費）するため「これを人体に当てはめた場合については、後で触れる」なのであって、この二つの部分は一つの過程として考えられるべきなのである。だから、過剰－蕩尽理論が何らかのシステムについて語っているのだとしても、そのシステムはプロセスを内包した動態的なものなのである。それでは、過剰と目的論的に関連付けられた「目的論の問題はまた後で触れる。差し当たり、ここではこのようにのみ考えておく」蕩尽、ないしは消費は、どのような役割を果たしているのだろうか？

栗本は、少なくとも『幻想としての経済』においては、蕩尽を祝祭や聖なるもの、バタイユの「死のしるし」、あるいは山口昌男の「周縁」などといった概念とパラレルなものとして把握し、人間社会の生命にかかわる重要なものとして考えている〈註3〉。しかし、その重要性（ないしは、蕩尽と人間社会の生命なるものとの関係性）については、後で触れるので、ここではまだ追求しない。要するに、このような過剰－蕩尽理論を「そこ（システムの外部と内部とのトランザクション＝取引を原文では指している。筆者）で素材（システムと言っても良い。筆者）を動かしている動因が何であるか」〈註4〉（『パンツを捨てるサル』より。以下『パン捨て』と略称する）を問題にする経済人類学の原理的な支柱にしたのが栗本の経済人類学なのである。

ところで、過剰－蕩尽理論には幾つかの問題がある。

一．まず、プロセスとして捉えた場合の過剰において、このシステムの限界を超えたものについて、理性的な価値が想定されているのか、いないのかという問題がある。栗本が時として引き合いに出すバタイユについて言えば、彼はこの点について矛盾した言い方をしてはいるが、基本的には想定していないと言って良い（彼が意味の通ることを言っている以上、全てにおいてそうである《＝想定していない》というわけではないのだが）。と言うのは、過剰は体系（栗本的な意味でのシステム、したがって人間の身体をも含む）をはみ出してしまうという点を、根本的には徹底しているからである。それゆえ、バタイユの過剰理論は、理論ではなく、神秘主義に近いのである。だからこそ、バタイユは、一九三三年の『消費の概念』では、有用性と消費の間でためらっていた［もっとも、「体系が欠如してこそはじめて人生である」〈註5〉などと面白いことを言ってはいるが。このことは、バタイユにとって不可能なものが現実であり、可能なものが非現実だったりする《＝問題ではない＝重要ではない》ことと、決して無縁ではない］が、一九四二年の『内的体験』では、「他のもろもろの価値の各種の権威の否定であるがゆえに、内的体験は積極的実在性を持ち、それ自身積極的に価値となり、権威ともなる」〈註6〉などと公然と主張する。例えば、バタイユが「私としてはこういってもよかったのだ、すなわち、価値とは、権威とは、恍惚なのだと」〈註7〉と言いつつ、「私は耐えがたい非知の中にとどまる。それは恍惚それ自体以外のどんな脱出口をも持たない」〈註8〉と言う時、この恍惚（エクスタシーズ）には、栗本が『パン捨て』で言うような「進化方向をセットする」（後で触れる快感セット理論のこと）などといった意味はないのである。もし「セットする」のなら、それは恍惚以外の出口を持っていることになる。ここで思い浮かべる必要があるのは、サルトルのバタイユ批評「神を見て、人間の言葉を投げ出す神秘家」〈註9〉という言葉である。そして、栗本がバタイユと異なるのは、過剰を体系の中へ取り込んでしまう点にある。その巧妙な手付きについては、後で詳しく論ずるので、ここでは大まかに述べておく。すなわち、栗本は過剰－蕩尽のプロセスとそのプロセスに包含されるサブ・システム（＝超過され、過剰を生ずるシステム）とを、上位の、バタイユで言えば非知にあたるメタ・システムの中に含ませてしまいながら、二つのシステムのレベルの差異を保持しておいてしまう（バタイユは、保持しまいとする〈註10〉という点にある。だから、栗本の体系は階層を形成するのである。栗本は人間の言葉を投げ出したりはしないのである。

しかし、栗本も完全に神秘主義を投げ出してしまうわけではない。彼が宗教や神秘主義に、時として共感を示すのはそのためである。栗本における神秘主義的な側面は、どのような箇所に現われているのだろうか。

栗本における神秘主義的な部分とは、やはりバタイユから引き継いだ部分であると、大体においては言えるであろう。柄谷行人は、バタイユについて、フッサールの言葉を借りて、システムについて「自然主義的」な説明をすると批判し、バタイユ的な観点を取らない意志を明らかにしている〈註11〉。「自然主義的」とはどういうことかと言うと、バタイユが形式体系（システム）に対して、「過剰」という柄谷に言わせれば「還元された外部」をその基盤に置くことによって、動態化していることについて語っている言葉であり、柄谷はこうした見解についてネガティヴな評価を下しているのである。

ところで、このことは、ある意味では外部に到達するための戦略上の違いから来る対立と取れなくもない。すなわち、柄谷に言わせれば、形式体系にとって、還元された外部は決定的には有り得ないものなのである〈註12〉。ところが、バタイユはこのことに対してまったく自覚的なのであって、バタイユが彼の体系（と呼べるかどうか疑わしいが）の根底に置くものは、まさしく不可能なもの（l'impossible）なのであり、この点が彼のラディカルな神秘主義者である理由なのである。というのは、さらに詳しく言えば、彼が時として断章形式を通じて語ろうとしているものは、この人間にとって超越的な外部、不可能なものに他ならないからである。

そして、バタイユが「私は不可能の高みにおいて至高者として生きることができる」（『内的体験』）〈註13〉とか、「というよりは、むしろ不可能性こそ人間の唯一の対応物なのだ」（『広島のひとたちの物語』）〈註14〉とか言う時、栗本が「人体自体という『過剰』の最たるもの」（『パン捨て』）〈註15〉と言うのと、ほとんど同じ（否）意味であると言ってよい。それゆえ、栗本がバタイユを引き合いに出しながら、「ヒトが自分自身を熱死させるという方向に向かっている」〈註16〉ことを告げていたのだと言う時、これはひどく整合的なことである。

だが、これは、「やがてはハルマゲドンがやって来るのさ」という、人間の手の届かないレベルからの影響による、つまり神の手による人類の滅亡を示唆するものであり、その意味で神秘主義であり、この類いのことを考えることにポジティヴな意味などなにもない。こんなことをマジで考えることほど、阿呆くさいことはない。まあ、考えるのは人の勝手であろうが。

二．次の問題はこうである。果たして、過剰－蕩尽理論は人間社会の生命を握るものなのか、という例の重要性の問題である。というのは、バタイユも、そして一時期の栗本も、そのようなものとして過剰－蕩尽理論を捉えているからである。そこで、この「人間社会の生命を握る」という言葉の意味が具体的にはどのような展開の中で考えられるべきなのかを見てみよう。そして、その例として、バタイユの『消費の概念（La notion de dépense)』を取り上げる。何故『呪われた部分』ではなく、『消費の概念』を取り上げるのかというと、過剰－蕩尽理論が初めて明瞭な輪郭を持つに至ったのは、この小論文においてであり、また、過剰－蕩尽理論が簡潔にしかも「人間社会の生死を握る根本的な」有、用性との関連において語られているからである。すなわち、先述したように、この時点でのバタイユは、消費と有用性との間でためらっていたのであり、それゆえ、過剰－蕩尽理論の生誕の有り様をはっきりとうかがい知ることができるのである。

『消費の概念』を、極めて大雑把にまとめると次のようになる。

（論旨は番号順に進行する）〈註17〉

1　根本的に有用なものこそ、人間社会の生死を握る重要なものである。

2　根本的に有用なものは、見返りのない消費、すなわち蕩尽である。

3　したがって、人間社会にとって真に重要なものは、本来の意味での消費、蕩尽である。

4　※（ところで）必要最小限の消費は、生産的な消費である。

5　（しかし）生産のみが役に立つ（有用である）とは言い切れない。

6　消費は有用性を超越するものなのだ。

これを見るとびっくりする人もいるかもしれない。根本的な所で論証になっていないからである。一体、これは有用性についての議論なのだろうか、それとも消費についての議論なのだろうか？　確かにその点については、消費について主張しているのだと言ってよかろう。しかし、根本的に有用なものは消費なのだという主張が、消費は有用性を超越するものなのだという主張に途中で取って代わられてしまうという、奇妙な論旨なのである。そして、取って代わられざるを得なかったのは、2の命題に見られる主張と4の命題（※マークを付けておいた）に見られる主張との間に、明らかに矛盾が存するためなのである。

ところで、有用性の議論は目的論に結び付かざるを得ない。例えば、「人が木を切りたい時に、ノコギリは木を切るのに役立つ」という具合である。そして、ヘーゲルに従って、目的論的関係を、主体と手段と目的とによって表現する〈註18〉ものとし、栗本のポランニーに依《よ》った表示〈註19〉に照応するように、主体をC、目的をB、手段をAと表示するものとしよう。この場合、Aはノコギリ（諸細目）、Bは木を切ること（焦点）、Cは人である。そして、バタイユは『消費の概念』において、当初、目的論に基づいて消費の重要性を論証するつもりであった。つまり、一方では、他の諸々の有用性を手段Aに置いて、Bの目的に根本的な有用性としての消費を置くことであり、他方ではAに根本的有用性の消費を置く限りで、Bに人間社会が来るということなのである。ところが、必要最小限の、、、、消費を生産的な消費と見なしてしまったバタイユは——この命題そのものは筆者も正しいと思うのだが——、それが不可能であることを察知したために、根本的有用性であること《＝目的論の一種》に基づいて消費の重要性を論じることを放棄し、消費は有用性を超越する非従属的なものであり、その消費の非従属性に到達することが人間の目的であるということ《＝新たな目的論》にせざるを得なくなった。要するに、有用性に基づいて消費の人間社会に対して持つ重要性を論ずることはできない（不可能である）ということ、さらには、目的論に基づかずに消費の重要性を論ずることもできなかったということ、これが事の真相である。

それでは、どうしてバタイユにとっては消費が有用であることができなかったのであろうか。このことは、バタイユが知らず知らずのうちに用いていた目的論に原因がありそうである。その点を追求してみよう。

目的というものは、そもそもある意味（つまり、システムの取るある位相なり、その中のある位置なり）に向かって行くものとして、我々に理解される。有用なものは目的からしか出てこない。何故なら、「有用なもの」とは、何らかの目的に適合するがゆえに「有用である」と呼ばれるからである。栗本は『幻想としての経済』の中で、消費が役に立つのは結果としてのことであると言っている。結果的には有用だったというのは、偶然的な事態であり、たまたま有用であったということである。何故なら、因果関係と有用性の間に、直接的な必然性はないからである。因果関係が有用性と必然的な関係を取り結ぶに至るのは、例えば、原因—結果関係の科学的認識がある目的に充用された時などの特殊な場合のみであろう。だから、単に「機械の部品は機械の役に立つ」と言うのは、機械がある目的に充用されるがゆえに有用なものであるという前提があり、さらに、それと同時に、その充用さるべき機械が当の部品を欠いている限りにおいてしか正しくない。機械は、それ自身では、自身の欠いている部品を必要としないが、一方では、部品を欠いているために機械としての用を足さない機械は、本質的には機械ではないのだし、他方、それ自身と言われている限りでの「機械」は、人間の付与している意味を剥ぎ取られたものとして、機械ではないものである。このものは否定的にすぎないものであり、現実にはガラクタである。このように、機械は機械であることを、その完成した姿であるためには、素材面から言って完成していることを、他方では目的に充用されていることを必要とする。消費が有用であるのは偶然であるのか、つまり、さっき栗本の述べたこととして取り上げたことが正しいのであるかどうかについては、さらに検討を要する。

そこで、目的論をもう少し追求してみよう。目的は、主体が向かって行くところのものだから、主体にとって外部にある。また、目的は意味である（主体にとって有意的である）のだから、主体に対している外的なシステムの中にある。そして、主体と外的な目的を結び付ける媒介物、それが手段である。手段もまた、目的と同じく客体である。すなわち、主体にとって外的であり、かつまたシステムの中にあるが、目的と異なり、素材（目的を達成する上で必要なもの）であると言える。経済人類学は、この目的論的関係を抽象しているのだが、それによって考えてみるなら、主体は動かすものであり（例　ウイルス）、手段は素材、すなわち動かされるものである諸細目（例　ＤＮＡ）であり、目的は焦点ないしは外部（例　人体）ということになる。

したがって、経済人類学のものの見方は、ヘーゲルに言わせれば、論理学の目的論的段階にあるということになろう〈註20〉。

ところで、目的論における「手段→目的」の関係は、どう考えても蕩尽ではない。と言っても、手段は用いられている（使われている）のだから、消費されているのだとは言い得るわけだ。だが、この消費は目的を達成する、つまり目的とされる事態が産み出されるための消費なのである。しかし、手段は、手段であるために、何らかの形で自らを維持せねばならない。手段（DNA）は用いられ、摩滅しながら、手段として維持されるのである。目的論において本質的なことは、手段は有効に使われ、働くがゆえに、目的としての事態を産み出すのに役立つということである。したがって、手段の有用性は生産性《＝産み出すこと》に依存しているのである。

したがって、次のように言うことが可能であろう。消費は偶然にではなく、必然的に有用であることができる。ただし、生産的な消費として、生産に結び付いた消費としての限りでのことである。消費が有用であることができないかのように、あるいは偶然であるかのように見えるのは、一方では消費が有用であるためには生産を媒介せねばならないということがわかっていないためであり、他方では、生産的な消費（言うならば、システムに埋め込まれた消費）が見落とされて、非生産的消費（蕩尽）のみが消費と考えられているためである。

確かに、非生産的消費が有用であるのは偶然であるかのように見える。それゆえ、バタイユが「賭け」を比喩として頻繁に持ち出すのは、その限りではもっともなことであろう。それにしても、非生産的な消費が有用であるのは偶然の結果であるかのように見えるのは、一体どういうことなのであろうか？　わかりやすく言えば、あるシステムにとっての非生産的消費は、そのシステムが同一である限り、そのシステム自身にとって有用であることはできない《＝不可能である》のだが、実は、そもそも、システムなるものが自己完結的なもので有り続けることができないために、その同一性が崩れ去るという様相が生じるのであって、その瞬間に、ただその瞬間においてのみ、システムが非生産的であったところの消費を生産的な使用《＝消費》へと変容せしめるといった事態が起こり得るのであって、あたかも、非生産的な消費がシステムの役に立つかのような外見を呈したりするのである。ところが、実はその消費は新たに生成してくるシステムの中で生産的消費という規定を受け取るのである。つまり、栗本が「非生産的労働が有効であり、祝祭的時空が人間の社会にとって絶対に必要である」〈註21〉と述べる時、実際にそこで起こっていることとは、非生産的消費（労働）の生産的労働への転化以外の何ものでもないのである。つまり、「結果として」も非生産的消費が人間社会の役に立つことはないのである。結果として起きた《＝偶然に生じた》のは、その転化であって、「非生産的消費が役に立たない」から「非生産的消費が役に立つ」への転化などではないのである。「非生産的消費が役に立っている」と言う時、そこにあるのは事態の混同以外の何ものでもないのである。ただし、注意してほしいのは、ここで述べられていることとは、非生産的消費が存在しないということではなく、非生産的消費というものは、徹底してシステムにとって役に立たないものなのだということである。

『パン捨て』で、栗本は病気が進化の原動力だと言う。それはある意味では正しいと言ってもよかろう。しかし、病気は常に進化に付き纏うものであっても、本質的な事柄ではない。つまり、病気が進化のきっかけとなるかどうかは偶然に依るのである。我々は、言葉に依って語っている限り、基本的に言語やその有意性を信用する立場に立っているのであり、その点に関して選択の余地はない。バタイユは、『内的体験』において、公然と「こんな具合に呼名を変えるのは、どんな呼名にせよ、名辞を用いるということの煩わしさを示すものだ」〈註22〉と称して、言葉に対する不信感を隠そうとしなかったが、それは他人に伝えることの困難な神秘的体験〈註23〉を言葉によって伝えようとしたためであった。それに対して、別に特異な体験を伝えようとしているわけではなく、理論を展開している栗本が、「開かれた言語体系」〈註24〉などという言葉を用いて、人を煙に巻いたりすることが許されるわけがない（ところで、この「開かれた言語体系」という言葉は、マイケル・ポランニーの理論における言語の使用法について言われているのである。そうした意味において、『現代思想』誌における対談の中で丸山圭三郎が栗本に向かって言った「ですから非常に重要なことは、マイケル・ポランニーの理論そのものが、言語によってつくられているということです」〈註25〉という言葉は、適切な批評である〈註26〉）。

いずれにせよ、我々は言語の本質的な部分を信用して、進化のシステムを自然淘汰と呼ぶことに同意したい〈註27〉。栗本が、『パン捨て』で「弱者切り捨ての論理」と呼んでいることは、人体の細胞レベルでの、つまり目に見えないレベルでの自然淘汰である（すなわち、ダーウィンには想定し得なかったレベルを導入しただけのことのように思われる）。例えば、ウイルスという外部が人体の内部に入ってくることは、一方では人体というシステムにとって、他方ではウイルスというシステムにとっても、ランダムな変化と見なし得る。こうして起こった変化が上位原理《＝人体》に対して破壊的にしか働かない場合、それは病気に過ぎないものとして現われる［下位に位置する原理にとって破壊的に働く場合は、通常、病気とは呼ばれない］。この部分《＝病気に過ぎないものとして現われる変化》を進化の本質であるとは、私としては考えない。まさしく進化にとって過剰な突然変異である。しかし、病気に付き纏われていることも、確かに、進化の本質であろう。だから、過剰は常に存在していることができるが、ただし、システムにとって有意的でもなければ、有用でもない形においてのことなのである。だから、「過剰なエネルギーが存在するのに、どうして人類は資源枯渇で悩むのか？」などというのは、頭を悩ます価値もない問題である。それよりも、資源開発や新しいエネルギーの開発に力を入れる方がよっぽど賢いというものである。このように、過剰－蕩尽理論が人間社会の生命を握っているのは、余分ないい加減な形でのことなのである。

三．さて、次に過剰－蕩尽理論のより低いレベルでの問題、「人間の生命活動は過剰を作り出すことを目標とし、過剰は蕩尽されるために産み出されるという考えは正しいのだろうか？」という問題である。

実は、このような過剰－蕩尽理論の考え方は、栗本が機能主義を受け容れないこと、つまり、人間の活動が目的論的に生産的な実利性［と、一応栗本の表現に媚びておく］を目指してはいないものと考えることと密接なつながりを持っている。わかりやすく言えば、人間の経済的行為を動きのプロセスの中で捉える場合に、目的を生産とすることでこの運動のプロセスを切るか、それとも消費を目的とすることでプロセスを切るかの二者択一を迫られるという問題が現われて来るのである［栗本自身は、少なくとも『幻想としての経済』を書いた時点では、この問題がはらんでいる重要性について、充分に自覚的ではなかったようである］。例えば、マルクスは『経済学批判への序説』という遺稿の中で「生産的活動は、実現の出発点であり、したがってまた優勢な契機であり、全過程が再びそこにはいっていく行為である。……中略……このようにして、消費は生産の契機として現われるのである」〈註28〉と述べており、生産でプロセスを切る立場を取っている。このように生産でプロセスを切る立場を取ると、素直な目的論によって、「生産」、「分配」、「消費」の経済的諸領域を有機的に関連付けながら顕《あらわ》にすることができるのである。もちろん、この場合の目的論は平坦な機能主義を語っているのではない。それに対して、バタイユは、先ほどの『消費の概念』の概略を見ても明らかなように、敢《あ》えて消費でプロセスを切ろうとしたのであり、栗本もこの点を受け継いでいるのである。しかし、このような試みは、これまでの一や二で見た通り、プロセスを細切れにすることぐらいしか能がなく、失敗に終わらざるを得ないのである。

［溶融→秩序→溶融］

メモ

そもそも、「人体は過剰である」というのは、身体はウンコだというのと似たような意味を持っている。そして、私はこういう考えが、現今の日本の人々の一部に受けるものだということも知っているが、私自身はあまり好きではない。そもそも、栗本という人は面白い人で、人間がものを食べるのは身体を養うためではなく、ウンコを排泄するためだと思っている節がある。自動車がガソリンを費やすのは、走るためではなく、排気ガスを吐くためだとかね（えっ、基本的に生産とはエントロピーを作り出すことなんだってえ？）。肉体もまた消費されるために、つまり死骸になるためにある。実に首尾一貫した話ではないか！

過剰－蕩尽理論からは、栗本のいわゆるウイルスに依る、ないしは快感に依る進化方向のセット理論は出てこない。過剰－蕩尽理論は、人類は滅ぶべきものだという思想にしか帰結しない。この思想は、どうあがいても人間の手の届かない超越者に価値を置いているのであって、それは非知だの未知のものだとか呼ばれる。だから、バタイユはこう言う。「すなわち現実のものはすべて無価値で、価値はすべて非現実のものである！」（『不可能なもの』）〈註29〉。この部分の言っていることは、当然、先ほど引用した『内的体験』における「他のもろもろの価値の、各種の権威の否定である」がゆえに、内的体験が「積極的に価値となり、権威ともなる」という言葉と通底したものとして考えられるべきであろう。要するに、「人間の活動は過剰を作り出すことを目標とし、過剰は蕩尽するために産み出される」という考えは、バタイユのような神秘主義的なものとしては、正しい、もっともらしいものとして受け取ることも可能だが、そうでない限りは、単なる思想の破滅的で不可能な倒錯主義であり、それ以上の意味を持ち得ない。そして、栗本の場合は、明らかに後者である。そして、残念なことに、こうした倫理（モラル）の下で人類が生存し続けることは可能なこととは思えない。

四．ここで、過剰－蕩尽理論そのものからは、ちょっとずれるが、栗本が「私の『過剰－

蕩尽理論』を包摂するものなのだ」〈註30〉と主張した快感セット理論について触れねばなるまい。

実は、正直なところ、快感セット理論については、比較的、好意的な見方をしてもよいという気がする。おそらく、快感セット理論は、以前の栗本の理論においては欠落していた、丸山圭三郎が言うところの比喩的なホメオスタシスの領域（栗本は「負のフィードバック」という言い方をしている）を形成するべきものであるように思える。要するに、栗本は、もっぱら逆ホメオスタシス〈註31〉についてしか、さらに言えばカオス先行主義的な立場からしか語って来なかったのであって、例えば丸山に見られるような、カオスがコスモスと同時に誕生するというような発想、言い換えれば、外部は内部の産物として共起するというような発想〈註32〉が出て来なかったのだ。つまり、過剰（余計なもの）は、一定の価値（有用性）と関係しているがゆえに過剰なのである〈註33〉ということを見ていなかったのである。価値に支持されない過剰はナンセンスである。こうした意味では、丸山は栗本の弱みを握っていると言えよう。バタイユにしても、「（自然はおそらく全体がおのずから過剰である）、だが、時が経てば過剰（超越）はけっきょく事物の秩序の中に組み入れられる」（『不可能なもの』）〈註34〉という具合に、栗本と同じようにカオス先行主義的なのである。このようなカオス＝消費先行主義的な考えはウイルス中心主義（非ヒューマニズム）的な観点からでさえも排除されるべきである。

もっとも、私はウイルスとして生き残りたいのではなく、人間としてまだ生きていたいのであるが。仮にも、「アイデンティティとはウイルスのことだ」（という言い方はしていないが、外部に実体を求めている限りでは、つまり外部がアイデンティティを崩壊せしめるものとして受け取られており、その外部がウイルスとされている限りでは、こういう意味にならざるを得ない。快感によって進化方向がセットされ、快感追求の傾向を支配しているのが、ウイルスによるレセプターの増大であると言うのなら、まさしくアイデンティティを持った主体とされているのはウイルスである）という説に賛成なさる方がいるとしたら、さっさと自殺してウイルスとしての生を選び取ってほしいものと願わずにはいられない。「このシステムの拒否を最初に要求もしているわけだ」〈註35〉（このシステムとは、先ほど述べた細胞レベルでの自然淘汰《＝弱者切り捨ての論理》のことである）と言うのは、恥部を隠すイチジクの葉である。これこそ、自説に誠実でない証拠のようなものである。つまり、快感セット理論とは、みんなウイルス（ウニ生と栗本は呼んでもいる）になって生き残ろうという理論なのだ。栗本はウイルスも生命であると断言しているのだから

〈註36〉。然《しか》して、これは明らかに過剰－蕩尽理論とは別物である。何故なら、ウイルスというホメオスタシスの領域がでっち上げられているからである。

さて、今まで考えてきたことを念頭に置いて、今一度過剰－蕩尽理論について掘り下げて考えてみよう。先ほど、三．の箇所で、人間の活動が過剰を産み出すことを目標とし、過剰は蕩尽を目標とするという考えは、思考的倒錯に過ぎない、ということを述べた〈註37〉。この思考的倒錯は、私の考えに依れば、次のような意味であるように思われる。すなわち、栗本の過剰－蕩尽理論は、マルクス主義において産出の原理とされている唯物弁証法をなぞった外部での反映の倒錯の一形態であり、破壊の原理とも言うべき、弁証法の一種である。その根拠は、三．で述べたようにマルクスが生産を優勢な契機と見なすことで、生産や分配や消費を有機的に関連付けながら、人間の経済活動のプロセスをスムーズに示すことができたのに対し、消費（破壊）を優勢な契機と見なすバタイユや栗本が、結局、プロセスを細切れにしてしまうのみで、分配や生産をうまくプロセスの中に位置付けることができないという対照的な考え方を示していることにある。

ところで、我々は二．で目的論と有用性の見地から、この理論が人間社会の生命をどのようにして握っているかを見た。そこで、今度は目的論の適用レベルを変えて、人間の生命活動と過剰との関係に適用しながら考えてみよう。何故なら、過剰－蕩尽理論において、両者はまさしく目的論的関係の中に置かれているからである。

　ところが、ここには一つ問題がある。と言うのは、過剰というものは、その存在意義について我々の活動から目的論的に導き出し得ないものだからである（この問題は、バタイユが『消費の概念』でぶつかった問題と本質的に同じものである）。過剰とは何か？　それは作り出され過ぎてしまったもの、余分なものであり、不要なものである。したがって、それの存在意義は目的論的には決して導き出し得ないものなのである。してみると、人間は過剰を産み出すために活動するという考えは、打ち消し難い矛盾をはらんでいる。この矛盾は、栗本においては、実は四．で述べたような、外部を主体化することに依って解決されているのである。このことによって、人間の身体は受動態に置かれ、消費（蕩尽）の対象ともなる。蕩尽の対象として、過剰である所の人間の身体は、過剰であるがゆえに、目的論的活動を通じて産み出すものもまた、過剰なのである。そこで、ここにもまた二つのレベルの混同があることに我々は気付かされる。それは、外部を主体と見なしている限りでのレベルと、人間を主体としている限りでのレベルの二つである。この両者の混同なくして、過剰を目的論的に導き出すことは不可能である。

ところで、この外部の主体化はメタ・レベルからメタ・メタ・レベルへ飛び移ることである。人間にとっては、メタ・レベルからオブジェクト・レベルへ格下げされることであり、言わば脱ヒューマニズムとも言われるべきことである。さらに言えば、このメタからメタ・メタへの飛び移りは目的論化されている。栗本は、このことを「目的をもった言語の後追い」〈註38〉などと呼んでいる。ところが、メタからメタ・メタへ飛び移ることも、通常可能ではない。このことは、これまでに言及してきた柄谷の発言に照らしてみればわかることである。決定的には、外部性の導入が不可能であるのなら、一定の視点を持った形式体系のメタ・レベルからメタ・メタ・レベルへ飛び移ることは、一旦体系そのものがカオス化した上で、新たなオブジェクト・レベルとメタ・レベルとがシステムの中に生成して来るという意味でない限り、不可能である［この生成をヘーゲルは媒介と呼んだ］。だから、この場合は、メタ・メタ・レベルなるものは、実際には、メタ・レベルであるに過ぎないわけである。

しかし、栗本の考え方は違った。彼は、オブジェクト・レベルとメタ・レベルを包括するさらに上位のレベルがあると想定し——このことは、柄谷が自分に禁じたことであった

――て、オブジェクト・レベルからメタ・レベルに飛び移ることを目的論化した。しかし、その場合には、オブジェクト・レベルとメタ・レベルとが同一化され、システムの同一レベルに維持されているという様相もまた生じているのである。

それでは、そのこと《＝そうした様相が生じていること》を栗本に理論上許しているものは何か？　それは、それぞれのレベルにおける――絶対的なレベルにおいてもまた――システムの外部と内部との取引（トランザクション）を取り持つ暗黙知理論という理論的メタ、あるいはメタ理論、理論についての理論なのである。このフィルターを通して見ると、全てはそのように見える（ヘーゲルの言葉を借りれば、「すべての牛を黒くする闇夜」の悪無限である〈註39〉）。確かに、この理論は具体的な諸々の学問的領域に適用されることに依って、あたかも豊かな学問的成果を挙げているかのような外見を呈している。しかし、さらに近づいてより良く観察してみるなら、同一の公式が様々な領域に外部から当てはめられることに依って、「冗漫な反復」の形を取っているに過ぎないことに気付かされるはずである。

「丸山　なるほど。そうすると要するにイマジネーションというのは、大もとにある〝場の力〟みたいなものということですね。

栗本　ええ。それをとりあえず〝イマジネーション〟と呼んで、それが発現する過程を、まわりを押えて調べていきながら、我々を動かしている何か根源のシステム、それは一個だという……。

丸山　それは認めはしませんが、一つの仮説として伺っておきます」〈註40〉

「丸山　そうすると、イマジネーションと暗黙知の関係はどんなふうになるんですか。

栗本　イマジネーションにインチュイション（直観）が連合することによって、実際の動きが出て来て、上のレベルに到達できるわけです。暗黙知とはそれを含む全体の構図です」〈註41〉（傍点筆者）

しかし、現実はそんな風にお手軽にできているものなのだろうか？　例えば、栗本は社会システムと生物組織とを類推的に捉えている（具体的には、『幻想としての経済』の市場社会はガンだという理由で、生体組織に生じるガンを研究することは、市場社会の理解にとって積極的な意義があると見なす主張〈註42〉など）。そして、確かに、そのような観点に面白い側面がある（例えば、ハードサイエンスとソフトサイエンスの統一を媒介し得る局面が生ずるかのように見えるなど）ことも否めないが、その反面、単純に過ぎる形式化ではなかろうか。そんな風にミクロとマクロはうまい具合に照応しているのだろうか？

まず、完全な意味においてそうであるとは、到底言い切れまい。何故なら、構造をこしらえている要素が異なっているからである。ウイルスやバクテリアの活動と人間のそれとの間に抽象的には同じ生物としての共通点を見出し得る（例えば、ガンとしての市場経済のきっかけとしての共同体内部の異人と、生体組織内部の細胞に入り込み、ガンのきっかけとなるRNA型ウイルスに見られる共通点など）にしても、具体的な挙動のレベルでは、やはり、異なる点が幾らでもある。とすると、そうした異なる要素を素材として作られているシステムは異なるものである。このシステムという語にしても、抽象レベルで同一視し得る部分があるために用いられているに過ぎない。

したがって、もし生体組織レベルでの変化が、社会組織レベルでの変化に対して、何らかの影響を及ぼしているのだとすれば、例えば、栗本自身が引き合いに出したペストやナポレオンのロシア遠征のシラミを媒介者とした病気においてそうであるように、その双方のレベルを媒介する何ものか（これらの細菌は直接に人体を消費し、大いに我が身を肥やすことによって、人体組織を蝕《むしば》み、病気を惹起《じゃっき》し、人間の健康及び人口の面に影響を及ぼし、社会構造に対しても、間接的になら影響を与えた）があるはずである。市場経済をガンと見なすこと、これはアナロジーに過ぎない。それに対して、ペストという病気によって人口が減ったということ、これは科学的事実である。アナロジーに頼って、ガンはこうなのだから、市場経済はかくかくしかじかであろうと考えるのは、科学的であるとは言えまい。かと言って、層の理論に依って、下位レベルでの変化が上位レベルに変化を生ずると言ったり、新たな上位が生じようとしているので、それに対して下位に相当するレベルに変化が生じつつあると言ったりするのも、学問的と言うにはあまりにも舌足らずに過ぎるように思われる。しかし、これが説明不足であるがゆえに、一種の誤りであるとして葬り去ってしまうこともまた、正しい対処の仕方とは言えまい。何故なら、この場合の上位は、明らかに、バタイユの場合とは異なり、理性的な価値が与えられているからである。この上位は検討してみるに値する。つまり、暗黙知理論を通じて、栗本は好ましい意味での移動を行なうことができた（る）のである。

以前、栗本は、『幻想としての経済』の「文庫版あとがき」の中で、過剰‐蕩尽理論は原理論であると述べた〈註43〉が、今や彼の過剰‐蕩尽理論は原理論ではなくなっている。つまり、彼は過剰‐蕩尽理論を快感セット理論の接ぎ穂に格下げしてしまったのである。それゆえ、快感セット理論に対して過剰‐蕩尽理論はメタ理論的な関係にはない。かと言って、栗本が言うように「快感進化論は、過剰‐蕩尽理論を包摂するものなのだ」と言い切ってしまうのは言い過ぎである。この両者は接ぎ木し得るに過ぎない（もっとも、この接ぎ木が実り豊かであるかどうかは、保証の限りにはない）。さもなくば、過剰－蕩尽理論が去勢されて、快感進化論に還元されてしまうことになる（その違いについては、すでに四．で述べた）。

栗本は過剰－蕩尽理論について『意味と生命』の中では、「ヒトに関する層の理論の試図を作るなら最上位のヒトを制御する原理なのだ」〈註44〉と述べ、他方で、快感セット理論については、下位の層にとどまる生物にも適用さるべきものであることを示唆している。それゆえ、快感セット理論が生命のより広汎な領域に当てはめられるべきものであるのに対し、過剰－蕩尽理論はヒトにのみ適用範囲が限られるということになろう。そして、仮に、過剰－蕩尽理論を快感セット理論に還元してしまうなら、少なくとも、一．や二．、三．などで取り上げた神秘主義的側面や、いい加減な気紛れさや倒錯的破滅性をある程度消し去ってしまうということが言えるだろう。しかし、そのことによって、栗本の生命についてのメタ理論となりつつある快感セット理論は、「産出の原理」である弁証法に近づきもするのである。何故なら、快感もまた一種の価値であり、その価値の際立った特徴は、それが身体的であり、それゆえ錯綜したものであるという点にあるのに他ならないからである。だから、快感は有用であろうが、その有用性は単純に語ることのできない類いのものなのである。

我々は、先ほど、冒頭で「二つの部分から成る」と述べた過剰‐蕩尽理論において第一の部分を形成している過剰について、人間の生命活動との間に目的論を当てはめて考えてみた。このことは、人間の生命活動から過剰なるものが理論上どのようにして生じて来ることができるのか、という問題であった。それに対して、今度は過剰と蕩尽の間に目的論を当てはめて考えてみよう。今では、この問題についてもスムーズに答えることができるであろうから。

そもそも、蕩尽という行為は、大体において、快感追求という動機を背景に持っており（栗本が「快感セット理論は過剰‐蕩尽理論を包摂するものなのだ」と言ったのはこのためである。この両者が相容れないものであることについては、すでに述べた）、快感という結果をもたらすものとして、我々にとってある、と言えよう。つまり、蕩尽という行為は、目的として快楽を持っているのである。ところで、栗本は次のように述べている。「そして、まさしく過剰を蕩尽することは、より大きな快楽を求める原則に駆られてなされる行為なのである」〈註45〉。これは微妙な表現である。「より大きな」と言うことによって、栗本は、蕩尽という行為と快楽との間にレベルの差異を持ち込んでいるのだとも取れるからである。しかし、私が何らかの対象を蕩尽する時、快感を感じるのは同一の私自身に他ならない。だから、ここにレベルの相違を持ち込む必然性は存在しない。蕩尽という行為は自己目的ではなく、快感追求の手段なのである。その場合に、蕩尽と快感の間には、同一レベルでの純然たる目的論的関係も存在する。その時に働いているのは「より大きな快楽を求める原則」ではない。この原則は目的論的関係についてのものと言うべきではあるまい。むしろ、上位のレベルの産出についての原則であろう。そして、私に言わせれば、上位のレベルの産出なるものは結局生産様式の変化に帰着する（註28を参照のこと）。それゆえ、「より大きな快楽を求める原則」なるものは、マルクスが「生産様式の変化に伴う生産力の増大」という言葉で表現した現象を、別の角度から観察して記述したものに過ぎまい。

我々は、「快感は価値である」と述べた。とすると、次のように言っても差し支えないであろう。蕩尽の目的は快楽であり、快楽は身体的に価値があり《＝有用であり》、生命の生産にとって有意義である《＝の役に立つ》。事実、栗本も次のように言っている。「かくして、動物は快感に駆動されることで、生きるための意欲を持つ。そして、ヒトやゾウリムシが病気になったとき、生き抜こうとする意欲もここから生まれる。そうやって生き抜いた結果が進化という現象なのだ」〈註46〉（ここで言われている「病気」と「進化」についてはニ．を参照のこと）

結局のところ、いわゆる「過剰の蕩尽」なるものを非生産的消費に過ぎないものとして扱う考え方は、そのレベルにとどまる限りでは誤りである。何故なら、それは快感という効果を生ずるからである。そして、この快感は生命の生産において有意的なのだから、「過剰の蕩尽」は一定の価値［その価値がどのようなものであるとしても］を産むことになる。それゆえ、ドゥルーズ／ガタリが言うように、「一切は生産なのだ」（再び、註28を参照のこと）と言うのが正しいのである。

それと、最後にはっきりと言っておこうと思うのは、ちょっとだけ視野を拡大してみるなら、病気というのは生産に基づく矛盾の一種だということである。エイズ・ウイルスの発生は、ウイルスにとっては生産様式の変化――ただし、この生産様式とは通常用いられる狭義の経済学的な意味ではない――である。ペストの大流行は、ペストにとって自己生産の増大である。細菌やウイルスなどによる病気は、全て下位レベルでの生産に依る、上位と下位との間の矛盾の発生であって、それゆえそれを生産の裏付けを持たない一方的な消費が存在する根拠であると見なしたりするのは、誤り以外の何ものでもない。このことは、栗本が「生産とは実は生産的労働の結果や、それをめぐる配置を指すものであって、当然、労働の方が広義であるべき概念で、生産はそれに付属して発生する概念である」（『幻想としての経済』）（註47）などと、戯《たわ》けた考え方をすることと、見事に対応しているのである。確かに、このように生産を狭い意味にのみ限定して使っておけば、三．で見たような人間の経済的活動を、生産を目的とすることでプロセスを切るか、消費を目的として切るかの二者択一において、後者を選択することが自然であるかのように映ずる。しかし、生産と消費を対概念として捉えないなら、消費という語にも生産という語にも意味がなくなってしまうなどということは当然である。だから、生産という語も消費という語と同じように広い意味を持っているとした上で、考えてみるべきなのである。

それと、もう一つ、病気が歴史に与えてきた影響を「人間の歴史を、人間の対処できない範囲でも理解しようとする試み」（註48）などと考えたりすることも、誤解を招くものの見方である。何故なら、第一病気が歴史に影響を与えてきたということがわかったのなら、それはすでに人間がそうした事態に対して完全に対処不能な立場にいるのではないということなのである。だからこそ、栗本も「このシステムの拒否を最初に要求もしているわけだ」〈註49〉などと言うのではないか。もし、栗本の理解が本当に「人間の対処できる範囲内だけで理解し」ているのではないというのなら、栗本にシステムを拒否する権利などありはしないのである。それに、「もし、私たちの快感と進化の指し示す方向が、人体自体という「過剰」の最たるものを自ら爆砕する結果を導くものなら、それを改めるようにセットしなおしてもいいだろう」〈註50〉と栗本が言う場合に、「セットしなおお」すのは、人間ではないというのだろうか？　ウイルスだとでもいうのだろうか？　もし、栗本が歴史においてウイルスやバクテリアの演じた役割を理解する時に、「人間の対処できる範囲内だけで理解しているのではない」と主張できるとするなら、理解してもなおかつ「セットしなお」すことはできない《＝対処することは不可能である》ということをも前提としているのでなければならない。何となれば、「できる」の範囲内からはずれる「できない」（不可能性）は、混同されることのできない、打ち消し難いものではないのか？　もし、そうではなく、この「可能」と「不可能」の概念が適用されている場合は、人間の選択の仕方によって「可能」から「不可能」へ、「不可能」から「可能」へ転化し得るものだ、と主張するなら、先ほどの命題、「人間の対処できる《＝可能である》範囲内だけで理解し」ているという命題と微妙な食い違いを生ずる。何故なら、「人間の対処可能な事態」と「人間の対処不可能な事態」とが他方から他方へと転化することができる世界にとって、この「人間の対処できる範囲内だけで」という言葉はナンセンスだからである。もし、栗本がこの言葉はナンセンスではないと思っているのなら（当然そうでなければならないが）、人間の選択の余地はない（この選択は人間の実践についてのものである。当然であるが）。栗本は、ついに人間には決して対処できない事態を見出したのだ。そして、栗本は「人間の理解」という選択の余地のない限界の中で、人間の言葉によって、このハルマゲドンについて論理的に語るのである。

ところが、システムの拒否を要求し、「セットしなおしてもいいだろう」と主張している時の栗本は、対処できると思っているヒューマニスト以外の何ものでもない。いずれにしても、栗本は自己欺瞞を（それとも自己矛盾か？）自分の中に持っている。

【註の部】

〈註１〉バタイユ著作集２『不可能なもの』、生田耕作訳、二見書房、一九七五年、二八〇ページ。

〈註2〉栗本慎一郎『幻想としての経済』、角川書店（角川文庫）、一九八四年、三二〜三七ページ。

〈註3〉栗本慎一郎、前掲書、六二〜六三ページ及び七三〜七四ページ。主として「Ⅱ経済人類学の方法」の二つの論文のうちの「聖なるものと経済」という論文の中で、このように考えられている。

〈註4〉栗本慎一郎『パンツを捨てるサル』、光文社、一九八八年、一二二〜一二三ページ。

〈註5〉バタイユ著作集6『呪われた部分』、生田耕作訳、二見書房、一九七三年、二八八ページ。

〈註6〉G・バタイユ『内的体験』、出口裕弘訳、現代思潮社、一九七〇年、二七ページ。

〈註7〉G・バタイユ、前掲書、三八ページ。

〈註8〉G・バタイユ、前掲書、三九ページ。

〈註9〉サルトル全集『シチュアシオンⅠ』所収の「新しい神秘家」。清水徹訳、人文書院、昭和四十年改訂版、一五〇ページ。「神を見て、神を見たことのないひとびとのあまりにも人間的な言語を投げだす神秘家なのだ」

〈註10〉例えば、『バタイユの世界』（清水徹、出口裕弘編、青土社、一九七八年）所収の

「討論　罪について」（恒川邦夫訳）における、ヘーゲル研究者J・イポリットとバタイユの対話などに見ることができる。「イポリット　それにしても、この消費に関する生気論的（ヴィタリスト）な概念には曖昧さがつきまとう。……中略……《交流》という言葉はふたつの意味を持つ。それは自己の否定ということを意味し、その場合はわたし自身そうした無化の運動の中に姿を消すことになるが、一方、それはもう一つの《自我》、自分にとっての他者の存在を見い出すことも意味する。このふたつの意味は完全に同じではない。……中略……確かに、わたしが自分を失うのは、わたしを救おうと望むからである。わたしがもうひとつの自我を発見するに到るのは、わたしを失う過程に於いてである。したがって、交流は消費より上位に属するものである。消費は交流にいたる唯一の手段である（傍点は引用者）。バタイユ……略……私の導入する価値判断は、閉ざされた存在と開かれた存在との間の差異に関するものである。それを交流と消費の間の差異にあてはめることはできない。交流も消費も、わたしには、何らかの価値判断の対象となるふたつの違ったものというよりは、ひとつの同じものを指していっているのだと思われる。もちろん、二通りの言い方の違いということはあるとして。イポリット　しかしながら、これは重大なことだ。なぜなら、わたしが消費によって追求するものは、まさに、他者との交流だと思われるからだ。結婚や境界、あるいは閉ざされた存在に於いては交流できないこともあり得る。しかし、あなたにとって、交流というものは、結局、否定性のみを意味し、積極的な意味の交流、否定の否定とでもいうべき肯定的なものをもはや意味しないわけだ。……以後略」（五六二～五六三ページ）

〈註11〉柄谷行人『内省と遡行』、講談社学術文庫、一九八八年。一九七～一九八ページ。

〈註12〉柄谷行人、前掲書、一九五～一九六ページ。

〈註13〉G・バタイユ『内的体験』、三九〇ページ。

〈註14〉バタイユ著作集14『戦争／政治／実存』、山本功訳、二見書房、一九七二年。「広島のひとたちの物語」、三三一ページ。

〈註15〉栗本慎一郎『パンツを捨てるサル』、二二四ページ。

〈註16〉栗本慎一郎、前掲書、二二五ページ。

〈註17〉バタイユ著作集6『呪われた部分』（前掲書）所収の論文「消費の概念」の論旨に依る。

〈註18〉ヘーゲル『小論理学』の第三部・概念論の「B客観」を参照せよ。

〈註19〉栗本慎一郎『意味と生命』、青土社、一九八八年、五一ページ。

〈註20〉ここで問題になっているのは、いわゆる近接項（諸細目）と遠隔項（焦点）の関係である。これをマイケル・ポランニーが「論理的な関係」と呼んでいることは、『意味と生命』の五〇ページで栗本が引用した〝Personal Knowledge〟の部分からも明らかである。この低いレベルから高いレベルへと向かう関係について、中村雄二郎は、ポランニーの言うように「論理的な関係」と呼ぶのは「不正確な言い方である」（中村雄二郎「〈暗黙知と共通感覚〉」、『現代思想』「マイケル・ポランニー特集」、青土社、一九八六年三月号、六一ページ）とした上で、主語的同一性の論理、すなわちアリストテレス的形式論理を解体させてしまうような力を持っている「述語的な言語論理の関係として捉えるのがいちばんいいだろう」（前掲書、六七ページ）と述べている。この「述語的な言語論理」という考え方はヘーゲルの弁証法的である。ただし、ヘーゲルの「論理学」の弁証法的進行にそのような側面があるからという意味においてであるが（柄谷は、こうした「述語的な言語論理」なるものを認めない。論理という構造そのものが「空虚」によって成立しているのであり、その「空虚」において反転が生じるために、ロジカル・タイピングに障害が生じ、言わば新たな同一性が生じるのだと見なしている。『批評とポスト・モダン』、福武文庫、一九八九年、二七〇～二七二ページ、『隠喩としての建築』、講談社学術文庫、一九八九年、一〇三～一〇六ページ）。

ヘーゲルは、論理的なものを三つに分けている。すなわち、悟性的なもの、弁証法的なものと理性的なものである。「悟性的なもの（das Verständige）は概念の固定的な規定性と他のものとの区別に固執する。弁証法的なもの（das Dialektische）は概念を移行と解消の相で見る。思弁的なもの（das Spekulative）または理性的なもの（das Vernünftige）は概念の対立の中に統一を見、解消と移行の中に肯定的なものをつかむ」（ヘーゲル『哲学入門』、武市健人訳、岩波書店、一九五二年、二五七ページ。旧字体は改めさせていただいた）。さらに、ヘーゲルは、弁証法について次のように述べている。「普通に弁証法は、一個の述語について二つの対立する述語が主張されるというように見られる。しかし弁証法の純粋な形は、一つの述語によって一つの悟性規定が示されるが、その一つの悟性規定がそれ自身においてあると同時にそれ自身の反対のものであり、したがってその悟性規定自身が自分の中で止揚されるものであるという点にある」（前掲書、二三五～二三六ページ）

このように、ヘーゲルにおける論理的なものについての見解において、悟性的なものというのがアリストテレス的な形式論理の側面を指すものであるのに対し、弁証法的なものや理性的なものは、概念の移動や解消、概念の区別や対立の中における綜合のような述語論理的な側面を指している。

フッサールがヘーゲルを嫌ったのは、そもそもはこうした論理の弁証法的な部分に関してであろう。論理主義者フッサールにとって、述語論理のようなものは持ち込んではならぬものであった。フッサールの比較的初期の著作、『論理学研究』には、ヘーゲルの哲学体系について次のようなコメントが見られる。「〈理論的―分析的な世界知識であることよりも、むしろ思想的に豊かな世界観や世界叡智であることを意図し、また根本的に異なるこれらの志向を不幸にも混同したことによって学問的哲学の発展を著しく阻止した体系哲学〉の幽玄な曖昧多義」（フッサール『論理学研究Ⅰ』、立松弘孝訳、みすず書房、一九六八年、二四八ページ）

それでは、どうしてフッサールは論理主義に到り着いたのであろうか？　それは、リオタールによれば「知識を根本的に基礎づけようとする配慮が、フッセルを形式的形相学という一種の論理主義に導いた」（J・F・リオタール『現象学』、高橋允昭訳、クセジュ文庫374、白水社、一九六五年、二七ページ）からである。また柄谷も、「とりあえずフレーゲ・ラッセルのように、世界が論理（ロゴス）によって基礎づけられるという考えを論理主義とよぶとすれば、フッサールも疑いもなく論理主義者である」（柄谷行人『内省と遡行』、講談社学術文庫、一九八八年、一三九ページ）と述べ、「フッサールの関心は、なんらかの〝還元〟によってえられる形式体系そのものよりも、それがいかにして構成されるかを明らかにするところにあった」（前掲書、一四〇ページ）と述べている。そして、どうしてフッサールがこのような関心を持つに到ったかについては、「数学の危機」に原因があると見ている。「この比喩によって私がいいたいのは、第一に、フッサールの現象学が基本的には近代の遠近法的形式空間に内属すること、心理的自我が形式的な〝作図〟としてあるとすれば、そのような人工的空間とを斥けるべく見出される『生活世界』と『超越論的自我』もまた、一つの〝作図〟だということである。だが、忘れてはならないのは、このことが『数学の危機』にはじまっていること、つまりフッサールの〝作図〟は、フレーゲ・ラッセルとは一見して無縁のようにみえるが、数学の論理主義的基礎づけにとって不可欠な要請であり信念でもあったということだ」（前掲書、一四五〜一四六ページ）そして、次のように結論する。「しかし、論理主義的な信念において、いささかのごまかしをも排除したフッサールの態度は、われわれにとって決定的に重要である。それは、形式数学の広がりを先取りしておさえているがゆえに、いかなる領域にも妥当するからである」（前掲書、一五〇ページ）

この論理主義的なフッサールの立場に対しては、疑問が一つ生じる。それは、フッサールの知識を根本的に基礎付けようとする意図からは、アプリオリズムが生じるのではないか、ということである。実際、フッサールは、『厳密な学としての哲学』（一九一一年）の中で、ヘーゲルの哲学体系について、「彼の体系には、哲学の学的性格をはじめて可能にするところの理性批判が欠けている」（『世界の名著51　ブレンターノ／フッサール』、小池稔訳、中央公論社、一九七〇年、一〇八ページ）と述べているが、ヘーゲルはまさしくカントの批判哲学のアプリオリズムを批判していたのであって、フッサールはその点に関して無自覚であったのではないかと思われるからである（佐藤敬三は、『現代思想　特集――マイケル・ポランニー』所収の論文「万有引力論と暗黙知の説」において、ポランニーが科学哲学におけるアプリオリズムを退けた旨を述べている）。

ところが、柄谷によると、カントの先験的カテゴリーに対応するものと思われるイデア的・形式的なものは、フッサールにおいては、現象学的＝形相的還元によって、方法的に想定される位相空間（構造）である「生活世界」から取り出されるのである。「『イデア的なものは認識主観やその認識作用には無関係にそれ自体として存在する』が、プラトンのイデアとちがって、それは存在する場所を持たない。というのも、イデア的なものは『形相的還元』によってのみ見出されるものだからである」（柄谷行人、『内省と遡行』、一四四ページ）したがって、フッサールの現象学にアプリオリズムがあるとは言い得ないであろう。

しかし、ヘーゲルに言わせれば、フッサールの態度は悟性の哲学であるということになろう（ヘーゲルにおける「悟性」の意味についてはすでに述べた）。事実、リオタールは次のように言っている。「すでにヘーゲルは『信仰と知』という論文のなかで、カントの物自体の超越性を攻撃し、これを悟性の哲学の産物であると批判している。悟性にとっては、対象の現前は、隠れた実在の単なる仮象にとどまるというのである。ところで、フッセルが『経験と判断』のなかで、述語以前的な生の世界（＝生活世界、引用者）という形のもとに、再び持ちこんだものは、もう一つの同じような超越であるのではないか？……中略……そして適切にいって、ひとはこの世界について何も言うことができない」（J・F・リオタール、『現象学』、五八ページ）してみると、フッサールの「生活世界」なるものは、極めて曖昧な形を取っているように見える。それは超越の産物であるが、カントの物自体のような実在として想定されるものではない。知識の根拠であるのだが、言語化し得ないものである（柄谷は、フッサールの「生活世界」を自己言及性のパラドックスにさらされた、過剰で不均衡な世界と呼んでいる)。

かくして、リオタールにとっても、柄谷にとっても、フッサールの現象学は二面性があるという点において同じである。「フッセルが理性以前的なものにかかわりあうのは、理性主義的な意志のためである。しかし、ごくわずかの屈折だけで、こうした理性以前的なものを反理性的なものに変えることができるし、現象学を非合理主義の橋頭堡たらしめることができる」(J・F・リオタール、前掲書、一四ページ)。「超越論的現象学の『わかりにくさ』は、それら二つの区別(差異)が不可避的であると同時にその同一性も不可避であること、いいかえれば、そのいずれが地であるか図であるかを決定しえないところにある。図示したような地と図の反転可能性は、フッサールが論理主義的に〝根拠〟をもとうとしたがゆえに、逆にその〝無根拠性〟を強く確認せねばならなかったことを示している」(柄谷行人、前掲書、一五三ページ)

こうして「生活世界」が問題になる文脈が、理性主義的、論理主義的な方法によって「根拠」を求めようとする意志によるものであるということ、同時にこの「根拠」が論理主義的な議論から出てくるものであるにせよ、そこからはみ出してしまうようなものであるとは言えるであろう。

さて、我々がフッサール的現象学を問題にせねばならなかったのは、そもそも、この現象学が経済人類学に影響を与えているからである。とりわけ、後期フッサールに大きな影響を受けたメルロー＝ポンティは、栗本によれば、「メルロ＝ポンティはマイケル・ポランニー以前においては精神と身体の関わりの分析を通じて存在内部における『働き』のようなものに注目した最も先端的な哲学者なのだ」（栗本慎一郎、『意味と生命』、一〇六ページ）。ところが、柄谷は、現象学におけるメルロー＝ポンティ的な行き方を否定する。柄谷の否定する方向性は、例えば「つまり、フッサールは『非反省的な生活世界こそ反省の端緒的かつ恒常的かつ終局的な状況である』（メルロー＝ポンティ「知覚の現象学」）といっているのではない」（柄谷行人、前掲書、一五二〜一五三ページ）と述べている箇所や、「『生活世界』を、メルロー＝ポンティのように身体や知覚と結びつける必要はない」（前掲書、一四四ページ）と述べている箇所、及び、「メルロー＝ポンティにとって、『生活世界』はこのような（＝フッサールにとってのものであると柄谷が理解しているような、引用者）ものではない。それは『科学がその二次的な表現』にすぎないような故郷の如きものである。また、彼はフッサールのいう超越論的主観性（共同主観性）を間（インター）主観性といいかえるが、それはまるで予定調和的な〝自然〟である」（前掲書、一五一ページ）と述べている箇所などに現われている。まさしく、栗本が価値を見出している現象学上の方向とは、このような柄谷の否定した方向においてのことなのである。この方向では、「生活世界」が身体や知覚と結び付けられた次元で問題にされ、こうした方向から、栗本にとってより重要な「メルロ＝ポンティの『動き』の視点」（栗本慎一郎、前掲書、一〇七ページ）も出てくるわけなのである。そして、この視点が重要なのは、マイケル・ポランニーの層の理論と関係があるからというわけである。そして、本文やこの註の冒頭で触れた主体（個人）によって結び付けられる諸細目（手がかり）と焦点（目的）という三組元素が、まさしく階層理論を構成しているものなのである。

我々は、本文中で、経済人類学のものの見方は、ヘーゲルの論理学の目的論的段階にあると述べた。さらに、この註の冒頭で、階層理論の「論理」なるものは、ヘーゲルの弁証法的であるとも述べた。また、アプリオリズムの批判という点でも、ポランニーはヘーゲルと一致していた。それでは、一体ポランニーがヘーゲルと異なっている点とは何であろうか？　一つには、ヘーゲルの場合、例えば『論理学』におけるように、階層もそして運動も存在するものの、それは精神とこそ結び付けられているにせよ、身体と結び付けられてはいないということがある。

しかし、さらに重要な相違は、ヘーゲルが体系を閉じるのに対し、ポランニーの場合は体系を閉じないという点にあるように思われる（栗本が「還元主義」という言葉を哲学の批判のために用いる時、それは体系を閉じるということと、ヘーゲルの言う悟性の哲学の態度とを混同した意味で、あるいは、ひっくるめた意味で用いている。そうした意味で用いることを可能にしている原因は、ポランニーが体系を閉じもしなければ、「悟性の哲学」の態度に反対してもいるという点にある）。例えば、リオタールは、フッサールと対比しながら、ヘーゲルについて次のように述べる。「ヘーゲルの『現象学』は実在全体を、絶対知において、全面的に再把握することである。これに反して、フッセルの記述はすべての述語づけの手まえで、《事物そのもの》の把握にとりかかる。フッセルの記述が自分のことばを訂正することを、つまり前言をとり消すことを、やめなかった理由は、ここにある。というのも、この記述は、根源的なものに到達するための、言語の言語自身との闘いだからである。（この点で、メルロー＝ポンティの《行きかた》とベルグソンの《行きかた》との注目すべき類似、しかも全面的な類似を認めることができる。）この闘いにおいては、哲学者の、つまりロゴスの敗北は必定である。根源的なものは、ひとたび記述されるならば、記述されたものとしてのかぎりにおいて、もはや根源的ではないからである。ヘーゲルにおいては、反対に、直接的な存在、いわゆる《根源的なもの》は、すでにロゴスであり、意味である」（J・F・リオタール、前掲書、五九ページ）

フッサールが体系を閉じなかったのは、リオタールによれば、根源的なものに到達するためであり、フッサールにとっての根源的なものとは、ヘーゲルにおけるような、すでにロゴスである媒介されたものではなかったからであった。だから、リオタールは次のように言う。「現象学的な試みは、存在のなかの論理以前的な『意味づけられるもの』を、言語によって指示することであるかぎり、根本的に矛盾している。」（J・F・リオタール、前掲書、六〇ページ）。この試みには、確かに暗黙知の萌芽が見られると言ってよい。論理以前的なものは言語に還元し得べくもないわけであるから。だから、栗本は、還元主義の潮流の中にフッサールやメルロー＝ポンティなどを含めて批判しなかったのであろう（『意味と生命』）。もっとも、この哲学における還元主義なる図式は、自然科学における還元主義の借り物であるだけに、極めてあやふやな代物である。なんとなれば、もし栗本の発言に従えば、およそ首尾一貫した哲学体系は全て還元主義であるということになるであろうから。現象学が、彼の言う還元主義を免れるのは、それが矛盾した試みだからなのだ。

さらに、栗本は還元主義という図式をこしらえる際に、誤りを犯している。栗本は次のように述べている。「根本的責任は、還元主義（reductionism）にある。すべての事物をその最小要素に還元してそれを再び組み合わせれば理解できるという還元主義の思考が、狭い範囲での理論の自立を可能に見せかけた。……中略……つまり、還元主義は一つの閉じた言語体系の中ですべてを語りたいという意志によって生まれ出たものだった」（栗本慎一郎、『意味と生命』、一〇～一一ページ）この文の中で栗本は還元主義の思考について述べている。しかし、この思考の特徴は、すでにヘーゲルがポランニーとは異なる点として述べられた、哲学体系を閉じるということとは何ら関係がない。言語によって構築された、首尾一貫した哲学体系というものは、分解された個々の命題によって理解されるようなものではない（※1）からである（実際、ヘーゲルは「真なるものは全体である」と、『精神現象学』の序文で語っている）。絶対知というフレームによって閉ざされた体系に対して、「この考え方は還元主義を前提している」と言うのは誤りである。もしそう見えるのだとしたら、それは、閉じた言語体系という考えを、すなわち栗本自身が哲学上の「還元主義」と呼ぶところの考えを適用している栗本の「読み」の方に原因があるに過ぎない。

また、自然科学の還元主義の考えを生む原因を哲学に求めるなら、「一つの閉じた言語体系の中ですべてを語りたいという意志」にそれを求めるのは筋違いというものである。

むしろ、デモクリトスの原子論、延《ひ》いては、古代ギリシアの自然哲学におけるアルケー（始源）の探求などに求められて、然《しか》るべきである。

（※1）デカルトの言ったことは、すでにアウグスティヌスによって述べられていたのと同じことだと言った人々に対するパスカルの反駁《はんぱく》を想起すること。「わたしは公正な人々に尋ねたい。『物質は自然にかつ絶対に、思考する能力を持たない』という原理と、『わたしは思考する、ゆえにわたしは存在する』というそれとは、果たしてデカルトの精神においてと、同じことを千二百年前に言った聖アウグスティヌスの精神においてと、同一であろうかと」（パスカル、「幾何学的精神について」の第二部「説得術について」（中央公論社刊『世界の名著24　パスカル』（一九六六年）所収、由木康訳「幾何学的精神について」五二三ページ）より）。同じ命題も、別の体系の中では別の意味合いを帯びたものとなる（デカルト『哲学の原理』第一部七、及びアウグスティヌス『神の国』十一巻二十六）。

〈註21〉栗本慎一郎『幻想としての経済』、三五ページ。

〈註22〉G・バタイユ『内的体験』、四〇四～四〇五ページ。

〈註23〉G・バタイユ、前掲書、一一ページ。

〈註24〉栗本慎一郎『意味と生命』、一八ページ。

〈註25〉『現代思想』「マイケル・ポランニー特集」(青土社、一九八六年三月号)所収の丸山圭三郎と栗本慎一郎の対談、一九六ページ。

〈註26〉例えば、「こうしたことを記述するときに、近接項なら近接項をつねに近接項とか諸細目とか表記しないのは、全く同じものもする人の注目の仕方によって変化した相で現われることをマイケル・ポランニーが意識していたからだとも考えられる」(『意味と生命』二五~二六ページ)と栗本は述べている。先ほどのバタイユの場合と比較してほしい。

しかし、「ハイアラーキー的階層」が動きの中にあるということを捨象してみれば、ポランニーの理論はまったくただの体系であり、内部であり、閉じられている。おまけに、その動きの部分、個々の層が動態化されているその仕方はと言えば、柄谷が否定した例のオープン・システム=「還元された外部を導入すること」なのだ。この、本来なら、形式化を徹底させれば、不可能なはずの「還元された外部性」(柄谷行人『内省と遡行』)が、一方では、外部として排除されたものとしてさえ規定され得ない限界としてあるのに、他方では、排除された内部として規定されたものとしてあるのであり、それゆえ、相対的な外部性に過ぎないがために、記述可能なものにされているわけである。要するに、全てが外にあると同時に内にありもするために、全てが理解可能であると同時に、いかがわしい虚妄性を帯びてもいるわけである。しかし、全体として理解可能である、すなわち内部にあるということには疑いの余地がない。さもなければ、階層理論は理論などではないのだということになろう。

〈註27〉『意味と生命』で、栗本は反自然淘汰説的な立場を取っている（二七八～二九一ページの「生命――偶然か必然か」）。しかし、これは、生命は偶然の産物ではないという、一見決定論じみたものである。このことは、ただし、註26で述べたことと結び付いてもいるのであって、この決定論（？）もやはり両義的なものなのである。

〈註28〉『マルクス＝エンゲルス全集』第13巻、監訳大内兵衛、細川嘉六、大月書店、一九六四年、六二一～六二二ページ。さらに、マルクスはこのことを敷衍《ふえん》して次のように述べている。「われわれが到達した結果は、生産、分配、交換、消費が同じだということではなくて、それらはすべて一つの総体の構成部分をなしており、一つの統一体のなかでの相違をなしているということである。生産は、対立的に規定された生産としてのそれ自身を包括しており、また他の諸契機をも包括している。過程は絶えずくり返し生産から始まる。交換や消費が包括的なものでありえないということは、自明である。生産物の分配としての分配もやはりそうである。（傍点は筆者）」（マルクス、前掲書、六二六ページ）。マルクスが生産でプロセスを切ることには、人間の経済的行為を有機的関連の中で捉えようとする明確な意図があり、その意図に基づいて視点の設定を行なっていたのである。
だから、ドゥルーズ／ガタリもまた、この点に関してはマルクスと同じ立場を取っている。例えば、『アンチ・オイディプス』の冒頭の方では次のように述べられる。「だから、一切は生産なのだ。ここに存在するのは、生産の生産（能動と受動との生産）であり、登録の生産（分配と配置の生産）であり、消費の生産（享楽と不安と苦悩との生産）なのである。一切はまさしく生産であるから、登録はただちに消費され消尽されて、この消費は直接に再生産される」（ジル・ドゥルーズ、フェリックス・ガタリ著『アンチ・オイディプス』、市倉宏祐訳、河出書房新社、一九八六年、一六ページ）そして、さらにこの部分に註をつけて（註3）、バタイユについて次のように言うのである。「……略……バタイユが問題にしているのは、われわれが消費の生産と呼んでいるところのものである」（ドゥルーズ／ガタリ、前掲書、四八五ページ）ここで言及されているのは、もちろんバタイユの消費（dépense）という概念である。

〈註29〉バタイユ著作集2『不可能なもの』、二八〇ページ。
〈註30〉栗本慎一郎『パンツを捨てるサル』、二一七ページ。

〈註31〉丸山圭三郎『言葉と無意識』、講談社現代新書871、一九八七年、一七一〜一七二ページ。こうした視点は、栗本が丸山と共有するものである。

〈註32〉丸山圭三郎、前掲書、一九〇ページ。

〈註33〉確かに、有用性の回路の中に組み込まれて機能することなく、こぼれ落ちる一定の消費というものが存在する。しかし、そうした消費でさえ、それが社会的に存在する限りでは回路に関連付けられた形で存在する。それは註28で引用したドゥルーズ／ガタリが呼んだように、「消費の生産」として関連付けられている。

〈註34〉バタイユ著作集2『不可能なもの』、二七三ページ。

〈註35〉栗本慎一郎『パンツを捨てるサル』、二〇六ページ。

〈註36〉栗本慎一郎、前掲書、四六ページ。

〈註37〉この倒錯的な考え方をする「享楽者」については、マルクスの経済学・哲学手稿に次のような記述がある。「ただ享楽にのみ身を委《まか》すところの、無為な、浪費的な富の規定――この規定においては享楽者はなるほど一面においては、今日あって明日のない、うつろな放蕩三昧のやくざ者たるの実を示すとともに、また他人の奴隷労働、人間の血と汗をも己が欲情の餌食と心得、したがってまた人間そのもの、だからまた己れ自身をも空しい犠牲者と心得ているのであって、この場合、人間蔑視は傲慢不遜のふるまいとして、百の人命をつなぎうるもののむだ使いとして、あらわれ、ときにはまた、己れのしまりのない浪費と止めどもない非生産的な消費のおかげで他の人の労働、したがってまた暮らしが成り立つのだといった破廉恥な幻想としてあらわれたりする。――彼は人間的本質諸力の実現をただ己れの放埒、己れのむら気とほしいままに風変りな思いつきの実現としか心得ないのである。――この富はしかし他面においては富を一つの単なる手段であって無にされる値打しかない物とみなしており、したがってそれはそれの奴隷でもあればそれの主《あるじ》でもあり、気前がよくもあればさもしくもあり、むら気で、うぬぼれ屋で、思い上がりで、上品で、教養があって、才気煥発である。――この富はまだ富というものを、己れを支配するまったく余所ものの力として経験したことがなく、富のうちにむしろただ己れ自身の力しかみないのであって、富〔ではなくて〕かえって享楽が〔それにとって最後の〕究極目的〔なのである〕」（マルクス・エンゲルス全集第40巻、監訳大内兵衛、細川嘉六、一九七五年、四七六〜四七七ページ）

このマルクスの「享楽者」の規定は、現代の若者の多くにも当てはまる。同時に、バタイユのような「消費＝蕩尽」の思想家にも当てはまるものである。

〈註38〉『現代思想』「生命のセマンティクス特集」（一九八八年一月号、青土社）所収の栗本へのインタビュー。七二ページ。

〈註39〉ヘーゲル『精神現象学』序文。「そこでは絶対者が、まるで、『闇夜にはすべての牛が黒い』という諺《ことわざ》の、闇夜のようなものにされている。このような態度は、認識にかんして空虚であることからくる素朴さにほかならない」（『世界の名著35　ヘーゲル』、中央公論社、一九六七年、一〇〇ページ。山本信訳）。システムを牛と考え、闇夜を暗黙知理論と見なせば、この比喩はすっぽり当てはまる。

栗本は『意味と生命』で次のように述べている。「しかし、マイケルの場合はレベルの数はほとんど無限に拡大できるものだし、それもまた注目の仕方によって変化しうる」（『意味と生命』、一七ページ）これは、まったくの話、自慢になるような話ではない。幾らでも拡大できるということは、それだけ内容が空虚であることの証拠に他ならない。

〈註40〉『現代思想』（一九八六年三月号）、一九〇ページ。

〈註41〉『現代思想』、前掲書、一九二～一九三ページ。

〈註42〉栗本慎一郎『幻想としての経済』、二三四ページ。

〈註43〉栗本慎一郎、前掲書所収「文庫版あとがき」、三〇四ページ。

〈註44〉栗本慎一郎『意味と生命』、三三一ページ。

〈註45〉栗本慎一郎『パンツを捨てるサル』、二二九ページ。

〈註46〉栗本慎一郎、前掲書、二一四ページ。

〈註47〉栗本慎一郎『幻想としての経済』、一六ページ。

〈註48〉『パンツを捨てるサル』の中で、ヘーゲルとマルクスについて述べた次のような表現をひっくり返したもの。(三三ページ)「人間の歴史を人間の対処できる範囲内だけで理解しようとする、誇りある人間としては当然の試み」

〈註49〉栗本慎一郎『パンツを捨てるサル』の二〇六ページも参照のこと。

〈註50〉栗本慎一郎、前掲書、二二四ページ。


(一九九〇年頃の作品)

「ビューティフル・マインド」雑考

この雑考は、ロン・ハワード監督の「ビューティフル・マインド」を巡って行なわれる。その中の幾つかは、テレビの深夜番組「虎ノ門」の井筒和幸監督のこの映画に対する低い評価と私がこの映画に対して抱いた感想との間のギャップ（隔たり）を埋めるために行なわれる。とは言っても、私もまたこの映画を涙の感動作として持ち上げるためにこの原稿を書くのではない。それよりももっと素直な個人的な感想をこの映画に対する考察に絡めて行こうとするものである。

井筒監督は、この映画に対する評価を下す上で幾つかの理由を掲げている。私はその理由をこの考察の何らかの出発点にすることにした。

まず最初に、井筒監督が示している、映画が偉人伝を扱うということに対する反発について考えてみたい。これは、確かに偉人伝というものが持っている陳腐さを思えば、ある意味でわからなくもない部分もある。しかし、全ての偉人伝が陳腐な成功物語であるわけではないように、偉人伝だからといって必ずしもつまらないものになってしまうわけではないだろう。

それというのも、井筒監督は、やはり同じ番組の中で、モハメド・アリの伝記映画である「アリ」を絶賛しているのであるが、このことからもわかるように、面白い伝記映画というものもあるのだから。むしろ、井筒監督の論点である、映画で偉人伝を描くのはつまらないというよりは、どのような人を偉人と見なすのかという価値観の相違にこの問題は還元されてしまうのである。

何故なら、モハメド・アリもまた、反体制的であったとはいえ、一個の偉人に他ならないのは明らかなことだからだ。つまり、どのような人生を送った人に魅力を感じるかということに掛かってくるのである。

なるほど、ノーベル賞をもらうような人が偉人なのか、またそうした人生というものが興味深いものなのかということは、論議のあるところだろう。ジャン＝ポール・サルトルのように賞をもらうのを辞退するような人もいることだし。

「ビューティフル・マインド」のジョン・ナッシュの場合、ノーベル賞を受賞した偉人というよりも、己が狂気と闘って最終的に打ち勝ったという、彼の確かに一見地味な人生にヒロイックなものを感じ取れるか否かに、そして、それにドラマを読み取れるかどうかに、この映画の成否を判断する分岐点の一つがあるように思われ、私はそれを確かに感じ取ったのである。もし、ジョン・ナッシュがノーベル賞を獲得しただけの人だったなら、この映画は確かに成立しなかったと言っても過言ではあるまい。

そして、そのことには、私自身の狂気の体験と重なり合うものがあるからという部分も確かにあるように思われる。とはいえ、この映画を精神病、この場合は統合失調症を患ったことのある人だけのものに囲い込んでしまうのは、あまりにも惜しいとも思うのだ。

それから、井筒監督は、アメリカのマンハッタン計画（原子爆弾の開発計画）におけるような、科学者の運命というものに興味があり、この映画にそうした視点を持ち込もうとして、肩透かしを食わされたという意味のことを述べている。どうやらこの点が、井筒監督のこの映画に対して不満を抱いた最大の理由だったらしい。つまり、悪夢のような科学者の運命というものが、ジョン・ナッシュの狂気の妄想に他ならなかったことが、お気に召さなかったらしい。確かに、この映画の前半部分には、暗号解読の仕事を請け負っていたジョン・ナッシュが描かれており、それが国家権力というものに翻弄される科学者、いや、この場合は数学者の運命を描き出す社会派の映画なのではないかという印象を与えるかもしれない。

しかし、この映画の狙いは初めからそういう点にはないのであり、統合失調症の症状の背景として、そのような数学者の悪夢じみた生活が描きだされているのであり、あくまでも、統合失調症の現実を構成するための端緒に他ならないのである。その意味で、暗号を解読する任務をジョン・ナッシュに強制しようとする国防省の諜報員バーチャーその他の妄想上の人物たちのリアリティといったものが、あくまでも妄想上のものであったことが明らかになる時点で、それをどう評価しようとするかという映画を見る者の価値判断を左右してしまうのは、ある程度仕方のないことなのである。

ここで興味深いのは、井筒監督が、映画を見ている途中で、「ホラー映画のようだ」という感想を漏らしていたことである。ホラー映画は悪夢のリアリティを再現することを、恐怖を醸し出すその手段として持った映画だから、「ビューティフル・マインド」という映画の統合失調症の病態をリアリティとして表現するという性質上、「ホラー映画のようだ」という映画の前半部分に関する感想は正しい感想だと言えるだろう。

ここで、一つ強調しておかなければならないのは、この場合の悪夢のリアリティというものは、ホラー映画のように恐怖を醸し出すためだけにとどまるのではなく、統合失調症というもののリアリティを描き出すためのものであって、決して映画技法にとどまるものではないということである。

悪夢の世界では、イメージの、状況に於ける非限定性に由来する曖昧さ、得体の知れなさが不安をそそり、その不安が恐怖につながる。しかし、ホラー映画では、恐怖の原因が眠りの世界の論理とは異なる覚醒の世界の限定された論理の中で展開される——それは、鑑賞する側の状態によって左右されているわけだが——ので、不安の原因となる曖昧さの効果を作り出すのがなかなか困難であると言えよう。

正常の人の夢は、目が覚めると、「ああ夢だったんだ」で済むことが多いが、狂気というものは、何かきっかけがない限り醒めることがない。これはディテールになってしまうが、「ビューティフル・マインド」で言えば、狂気の世界を構成する一要素として登場する、成長することのない少女。少女が年月を経ても成長しないということに、「これはおかしい」と気付き、そして、それが狂気の世界から覚醒する、いや覚醒しようとするきっかけになる。狂気から醒めるには、そうしたきっかけとなる状況というものが必要なのである。それは、映画の中では或る気付きとなっているわけである。

ミツバチが花の在り場所を仲間に教える時には、それが近い場合には円を描いてダンスをし、それが遠い場合には8の字を描いてダンスをし、それと太陽の方向との位置関係に依って仲間に花の位置と方角を教えるというが、8の字を描いたり、地面に8の字を描いて歩き回ったりすることにも何らかの象徴的な意味を与えるということが、狂気に襲われた場合には生じる。「ビューティフル・マインド」の中でも、主人公ジョン・ナッシュが自転車で地面に8の字を描いて走る場面があるが、おそらくは、数学で無限をあらわす記号として横倒しにされた8の字（∞）が使われることも決して偶然ではないとも思われるのだが、それが何らかの限定された意味に解釈されてしまうと――数学の場合も、そのような、限定された意味で用いるわけだが――、謎が消えてしまい、その象徴性も剥ぎ取られてしまうのである。そして、謎が謎のまま残るのである。

さらに言えば、統合失調症の妄想には、ある種の甘美さが含まれているようにも思われる。それは夢の甘美さに似ている。フロイトは、夢に願望充足の機能を見出していたが、統合失調症の妄想にもそうした側面があるのかもしれない。そのような妄想は、だから、夢のリアリティに、覚醒の世界のリアリティが呑み込まれてしまうような所があると言ってもよいかもしれない。現実の世界が夢のリアリティに支配されてしまうのである。妄想は、醒めることのない悪夢と言えるのかもしれない。妄想の世界をしばしば支配する恐怖なども、普通の人でも体験することのある悪夢のそれに近いように、私個人の体験に拠《よ》れば思われるのである。

統合失調症の人たちによく見られることだと思うのだが――映画の中のジョン・ナッシュもそうだったが――、こうした人たちが薬を止めてしまう原因の一つである、こうした妄想の背後にある願望、例えば、自分が世界の滅亡の鍵を握る重要な人物であるなどといったものは、そうした人物でありたいという願望が実際に実現することの快楽を充足するという機能を持っているのではないだろうか。

ただし、フロイトが夢に単なる願望充足の機能を見出しただけでなく、タナトス（死の本能）の表現を見ていたように、分裂病の悪化にもタナトスの働きを見ることも可能かもしれない。それは、自らが破滅することに抑え難い魅力を感じるという一次的マゾヒズムの快楽となって表われるのである。そして、この映画の主人公にもそうしたマゾヒズム——あるいは、自己懲罰——に溺れているという面が確かにあると言えよう。

そして、そうしたジョン・ナッシュを破滅から救うことができたのは、妻アリシアの愛だけだったのである。

（二〇〇二年の作品）

『チボー家の人々』の現代的な意義と限界

『チボー家の人々』を読んだ。そこでこの小説について論じてみたいと思うのだけれども、あまり多くのスペースが与えられているわけではないので、二、三の現代と関わるようなテーマに絞って論じることにしたい。

この小説は幾つかの対比によって構成されている。宗教的にカトリックのチボー家とプロテスタントのフォンタナン家、政治的に革命を奉じる弟ジャックと秩序を重んじる兄のアントワーヌ、神を信じている神父ヴェカールと無神論者のアントワーヌといったように。そして、この異なる立場のどちらかに作者が肩入れするのではなくて、対等の立場として描き出すことによって全体としての小説世界を作り出しているのである。したがって、ドストエフスキーほどの切れ味ではないが、物語の構成において対話が効果的な役割を果たしている。つまり、多様な意見、とりわけ基本的には兄と弟との異なる意見を対峙させることによって、それぞれの意見を深めていくことが可能になる、ということなのである。つまり、ミハイル・バフチン的な言い方をすれば、多声的（ポリフォニー）とも言われるようなそれである。

ところで、『チボー家の人々』を今読むことにはどのような意義があるだろうか？　この小説はかつて一世を風靡《ふうび》して、特に若者たちの間に大きな反響を呼んだらしい。それはやはり主人公ジャックの反戦に向けられた情熱に感動した人が多かったということだろうし、だからこそ、相変わらず戦争の頻発している現代社会に目を遣《や》るなら、今もなお現在的な意味を失っていないとも言えるだろう。なるほど、主人公ジャックの奉じているマルクス主義的な理念というものは、今や完全に過去のものとなったと思われるのは確かである。しかしながら、デュ・ガールは兄のアントワーヌに社会主義や共産主義的な思想の本質的な欠陥を指摘させることによって、マルクス主義的な思想の凋落《ちょうらく》を予告していたように思われる。つまり、たとえ、社会制度が変革されても人間の本性は変わらないのだから、結局、新たな形での搾取のシステムを生じさせるだけだというのである。そして、その点については、ジャックも人間の精神的な進歩というものが果たしてあり得るのかという点について懐疑的な態度を持っていることが露わになるのである。この射程は今でも充分に有効だし、人間精神に向上の余地があるか否かは、確かに今でも論議の分かれるところだろう。

また別の箇所で、デュ・ガールはアントワーヌに、社会契約の名において、国民が政府に依って軍隊に召集されるのは正当なことであり、国民のれっきとした義務なのだとも言わせている。社会契約とは元来ルソーに由来する言葉——もっとも、本来そこでは人民主権の政治というものを基礎付けるためにこの論理は用いられている——だが、これをアントワーヌはフランスという共和国における国防の義務を正当化するための論理として用いている。そして、今の日本においても、共和国ではないという事情の違いこそあれ、それと類似した論理で自主防衛のために若者は兵役に就くべきだという議論がしばしばなされるようになっているのは周知の通りである。しかしながら、この論理はその行使の仕方次第では全体主義の肯定とも受け取られかねない部分がある（デュ・ガールがどのような意図をもってこのような意見を登場人物に言わせたのかは必ずしも明確ではないが、彼がこの作品を完結させたのは一九三九年であって、ちょうど第二次世界大戦が始まった年だったことはある意味象徴的なことだったと言えよう。つまり、全体主義のもたらす危険性の全てをデュ・ガールはまだ目撃していなかったのである）。

ルソーが『社会契約論』の中で述べているような無謬《むびゅう》の一般意志などというものは、フィクションでしかあり得ないだろう。だからこそ、民主的な憲法だったワイマール憲法の下でナチスが勃興したように、ルソー的な思想に由来する民主主義国家の中でも全体主義が生じる危険性というものがあるのだ。何も、私はこう述べることによって民主主義を否定したいわけではなく、健全な民主主義を維持するためには理性による検証が欠かせないと言いたいのである。

そのことを考えると、私たちの国において、そのような議論が跳梁跋扈《ちょうりょうばっこ》しているという事実は、この国の将来に暗い影を投げ掛けているのではないかと個人的には思ってしまうのである。

（二〇〇四年）

ポピュラー・ミュージックに於ける
「エンターテインメント（娯楽）」の概念

ところで、非常に興味深い批評があったので触れておきたいのだが、それは『クロスビート』誌の九月号に載っている、大伴良則という人によるシンニード・オコナーの『ユニヴァーサル・マザー』評だ。この人は結論的にこういうことを述べている。

「これを社会派アルバムと呼ぶつもりはない」

この意見は常套《じょうとう》的な領域から見事に外れていて非常に面白い。つまり、このアルバムの内容というものが、社会に対する問題提起の意志が顕著に汲み取れるような主題を扱ったものになっているにもかかわらず、それを「社会派と呼ぶつもりはない」と断言してしまっているところが一種逆説的な言い方になっており、そこが興味深いのだ。「美意識の政治性」とでも言うべきものの難しさ——カート・コバーンを大いに苦慮させたもののうちの主要なものの一つがこれだったわけだ——について改めて考えさせられる逆説的な批評になっているのだ（シンニード・オコナーの今置かれている立場を考えると、ちょっと情け容赦のない意見だな、という印象も受けるが）。まだ私はそのアルバムを聴いていないし、歌詞カードを読んだわけでもないので、今の時点ではこの意見が正当なものであるかどうかを云々《うんぬん》することはできないが、この意見は非常に面白い。ただ、この人は「解放戦線に身を投じた方が得策ではないか」〈註1〉ということも言っているが、これはちょっと言い過ぎだろう。つまり、私はこのことからヴァルター・ベンヤミンがシオニズム運動の雑誌『ユダヤ人』の主宰者だったマルティン・ブーバー——日本では、特に『我と汝』の著者として知られている——を批判した時のことを連想してしまうからだ。

ベンヤミンは、言語というものの「神秘主義的軽視」に根ざしていると思われる、ブーバーの論説の戦争肯定的論調に嫌悪感を感じて、そのような政治的プロパガンダにおいては言語というものが政治的行動の従順な奴隷になってしまっていて、「言語がそれ自体のいかなる自律性をも有していない」（この話の出典は、ゲルショム・ショーレムの評伝の『カバラーと反歴史』である。ベンヤミンのブーバー宛ての書簡そのものは、晶文社刊の『ヴァルター・ベンヤミン著作集14』に収められている）ものとしている。そして、それに対して、言語そのものが強力な行動の一形態だという自らの考えを対置している。私の考えでは、シンニードにとっての音楽というものもまた、本来、ベンヤミンにとって言語というものがそうであったように、政治的プロパガンダの口実としてでなければそれに依って表現されるには値しないような、ちゃちな代物ではないと思うのだ。むしろ、彼女は、最後まで音楽で勝負すべき人なのだと思う。そしてそのことは、例の、ローマ教皇の写真をテレビカメラの前に掲げて破り捨てた事件のために一旦は引退宣言をしてしまったにもかかわらずこのポピュラー・ミュージックの世界に戻ってきたということ自体からも、先のカバー・アルバムに見受けられるような、音楽に対する愛情からも十分読み取れることだと思うのだ。だから、この点に関しては、私としても、大伴の意見に同意することはまったくできないだろう。

しかし、いずれにしても、この「社会派アルバムと呼ぶつもりはない」という意見は面白い。これからの批評にこういう逆説的な意見がどんどん出て来ることを期待したい。と思う一方、この人が、批評家としてこれからどのようなアルバムを「社会派」として評価するのか、それ次第でこの人の「ポップ派過ぎるからだろうか？」という自問の言葉の政治性も定まってくるのだということを指摘しておきたい。それというのも、もし、この人によって今後そういう評価がなされるべきものが現われなかったなら、この「社会派」というのは、「ポップ派」〈註2〉なるものを持ち上げるための単なる口実、ほとんどナンセンス紛《まが》いのものということにもなりかねないからだ。社会に対する問題意識を持ったアーティストであるなら、売れさえすれば充分なんて発想とは別の所に力点が置かれなければならないということは、すでにニルヴァーナが身をもって明らかにしてしまった後だ。だからこそ、私としては、この人の批評のそういう点に注意を絞って注目して行くつもりである。

それから、もう一つ重要なことを指摘しておこうと思うことがある。それは、美意識の政治性というものが問題になるのは、決してアーティストのそれのみではなく、批評家のそれもまた同様であるということだ。ここで注意しなければならないのは、「美意識の政治性」というものが問題になる時には、アーティストの「政治的な主題を扱わなければならない」などという意識よりも、「果たしてこの美意識にはどんな政治性があるのだろうか？」という批評家の検討作業の方においてその意義が一層明瞭な形で表われるということだ。それは、様々な差別の問題ともリンクしてくるような問題なのだ。だから、「ポップ派すぎるからだろうか？」という自問は、その批評家自身にとっても、すでに政治的に無意味ということはあり得ない。そして、「社会派アルバムと呼ぶつもりはない」と活字メディアにおいて述べること、このことはひどく政治的なのだ。それというのも、批評的な美意識の政治性というものは、このような、メディアの権力作用と結び合わされた形態に於いて現われるものだからだ（これはけなしているのでも、恥ずべきことだと言っているのでもなく、ただ単に、批評・評論活動というものは、たとえそれが芸術至上主義の原則やエンターテインメント至上主義の原則を掲げているのだとしても、そこには言葉による権力というものが不可避的に生じる以上、そういうもの［＝政治的なもの］であることを免れないというだけのことである）。先に出した文章で述べたことの繰り返しになるが、美意識には政治性というものが厳然としてあるという観点の欠如が全体主義への傾斜へと通じかねないものだという指摘の重要性は、幾ら強調しても足りないくらいのものだ。どのような美意識であれ、それが「宗教的」とも言うべき礼拝的価値から自立したものとしてきちんと把握されるには、それをその政治性という観点に於いて把握する――だからこそ、展示的価値のポピュラー・ミュージック的な形態を特徴付けるものに他ならない「エンターテインメント」として音楽を捉えることにつながってくるのだが――ということを欠かすことができない。だから、美意識の政治性というものに複数の意義があるということに気付くべきであろう。さらに、そのことに関して、美意識の政治性というものが問題になるのは、（批評家を含んだ）表現者にとってだけではなく、受け手にとってもそうなのだということをも強調しておく必要があるだろう。

【註の部】（本文↓〈註〉↓†↓‡↓☆）

〈註1〉私に言わせるなら、この「解放戦線に身を投じる方が得策ではないか」という発想そのものも、「旧態依然」としているとしか思えない。パレスチナ問題のことを例にとって考えてみてもわかると思うのだが、こういうことというのは、そんな方法でも決して解決し得ないような問題だと思うのだが。こうした発想というのも、単純明快な理念のために複雑な現実を犠牲にする一種のプラトン主義的な性急さ（つまり、ドイツ観念論の伝統を経由して、共同体や個人を虚構として把握して国家に全てを帰する政治的耽美《たんび》主義を招くことになった原因の一つ）の変奏曲に他ならないという気がするのだ。

〈註2〉ここで、ちょっとこの「ポップ」という概念を検証してみることは無意味なことではないだろう。「ポップ」という概念は、このポピュラー・ミュージックの世界においては頻繁に用いられているものだし、自明なもののように思われているにもかかわらず、実際には、結構曖昧な脈絡において用いられているもののように思われる。そのことは、最近行なわれたインタビューの中で「ラッシュ」のミキが次のようなことを言っていたことにも表われている。

「たとえばイギリスじゃ、ポップに必要なのは結局チャートに上がることだって思っている人間は大勢いる。ポップ・ミュージックの本質とはポピュラーであること、ってね。それでいけば私達なんて全然必要とされてないってことになるわよね。個人的には下らない判断基準だと思うけどさ。これがアメリカなんかだと、ポップってのは殆ど軽蔑の言葉じゃない。ニュー・キッズとかああいうのがポップで、私達みたいなバンドはオルタナティヴ・ロックって名前でくくられてるわけで。とにかくポップよりはロックの方が格が上、ってことになってるのよ。少なくともイギリスにはそれはないから……」(『ロッキング・オン』誌　一九九四年八月号)(ちなみに、この「ポップ・ミュージック」の定義は、『ロッキング・オン』の同じ号に載った記事の中で市川哲史が分類した、「ポップス」と「ポップ・ミュージック」の二つのカテゴリーのうちの、どちらかと言えば「ポップス」の方に相当している(「アンディ・パートリッジは死なない」)。このことは、「ポップ・ミュージック」という言葉の使われ方の曖昧さを暗示していると言えよう。となると、こういうことも言えるのかもしれない。つまり、アーティストにとって求道的な性格を持つポピュラー・ミュージックの全てをオルタナティヴ・ロックという語で括ることには少々無理があるにしても、アメリカのオルタナティヴ・ロックというものは、市川の言うポップ・ミュージックと似たニュアンスを持っているものと理解し得るのではないのか？　ということだ。だから、「オルタナティヴ」という語も、「代替の」という意味にとどまらず、その「代わりになるものを探究する」という程度のニュアンスを持った意味で、あるいは『『代わりとなるロック』を探究する」という脈絡で用いられているのだろう）

わざわざ面倒なことにも——というのは単なる言葉の綾《あや》だが——長々と引用したわけだが、大伴のいう「ポップ派」という概念は、こういう意味ではないようだ。まぁ、もしそうなのだとしたら下らない発想というしかない。それというのも、大体、「売れるもんがいいんだもん」などという原則は無意味かつ破廉恥なもんだからなので、それというのも、売れたもんについて、そりゃあ後から色々と後追いの理屈で説明は付けられるだろうが、そのような「売れるもん（＝気紛れな消費者に支持されるんだもん）」にあらかじめ定まったア・プリオリ（これについて比喩的であるということを指摘しておくべきだろうか？）な領域［＝実体］なんちゅうもんはありゃしない——社会の状況によって消費者の志向が左右されるっていう程度のことくらいはあるにしても——からなのだ（つまり、その原則は、ポピュラー・ミュージックが資本主義的な商品として流通するものでもある、ということ以上の何事をも言い表わしてはいないのだ。それというのも、その原則は別に芸術作品ではない商品についてもまったく同じように当てはまることだからなのであって、そんな原則で批評なんてものをするわけには行かないからだ。そのような視点というものはその商品が芸術作品であることを無視しているのだ)。だからこそ、創作で食っていかなきゃならんアーティストも、色々と創造的な要求と売れるための条件の間で折り合いを付けるために苦慮しなければならないというわけではないのか？　だからこそ、メディアの政治、アーティストがこなさなければならないプロモーションや批評の美意識の政治性ってもんが決して無意味ではなく、大きな意味を「ポップ」の領域に及ぼすというわけではないのか？　しかし、長い目でみた場合に、最終的にずっと支持されてゆくアーティストというのは、きちんとした表現のコアというものがある人だという印象を少なくとも私は持っている。だから、「売れればいい」とか「売れないのは駄目」とかいう原則というのはビジネスについてのみ意味があることであって、本来の意味における芸術性のようなものとは、直接には何の関係もないというのが、私の意見なのである。だから、逆の言い方をすれば、「ポップ」の意味を決定付けるのは「美意識の政治性」なのだ。「ポップ」そのものには何の意味もないのだ。だからこそ色々な「ムーヴメント」や「シーン」と呼ばれるようなものも、たとえそれが一過性のものであってさえ、決して無意味ではないのは、「ポップ」のそのような政治と切り離せない性質のために他ならないのではないだろうか？　それは社会の状況と切り離すことができないのだ。逆の言い方をすれば、「ポップ」が何ら社会情勢や美意識の政治とは関係のない、純粋に分離された世界での楽しみ——一体どういう「楽しみ」なんだ、そりゃあ？——そのものであるべきなのだとすれば、そのような「ムーブメント」や「シーン」、「オルタナティヴ」やら「カウンター・カルチャー」といったものの全てが無意味なものにされることができるのでなければならない。つまり、それらから帰結するものの全てをも単なる娯楽へと回収すべきだという考えが、「ポップとはビジネスに過ぎない＝売れさえすればいい」という発想からは出て来るべきだということになるだろうから。

例えば、このことと関連して、宮嵜広司が手掛けたフランク・ブラックのインタビュー（『ロッキング・オン』誌　一九九四年九月号）で面白い受け応えがあったので取り上げてみよう。

●……ところであなたは以前「音楽は自分の部屋でヘッドホンを通して聴いていた」と発

言されてますね。あなたにとって音楽＝コミュニケーションとは、そういういわば閉塞した回路を通して、見えない向こう側の相手を様々に空想するといった類いのものなんでしょうか。

「うん、うん、全くその通りだよ。同じように思っている人ってけっこういるんじゃないかな、特に若い連中はね。コンサートに行く奴とひとりで音楽を聴く奴とでは、後者のほうがより妄想的じゃないかな。なんでこういうレコードになったのか、ミゾの深さにまで目を凝らしてクレジットや歌詞に思いをはせる人のほうがね」

●それであなたの一連の行動が何となくわかってきた気がします。

（……中略……）

●ではあなたはアーティストのプライヴェートな物語が作品理解への重要なスイッチになってるようなロックをどう思いますか？

「うーん、ボク（何で「ボク」なのだろうか？『クロスビート』のインタビューでは「俺」になっとったが。＝引用者）そういうの嫌いなの」

●エンターテインメントたりえない、と。†1）

「その通り。そういう音作りをしたい人はすればいいけど、それを聴くキッズは明日考え方が変わってしまうかもしれないし、歌詞なんかより案外ドラムの音を聴いてるかもしれない。ボクの考えはね、いい音楽を作るほうがよっぽど貢献できると思うんだ。……」

（……中略……）

●……じゃたとえば、あなたと同じようにひとりの部屋でヘッドホンでロック聴いてるメンタリティについてはどう思いますか？

「わからん。たんにそういう人たちがいるってことなんじゃないの？」

●ナイン・インチ・ネイルズのような徹底的に自己にこだわった異物ロックがビッグ・セールスを記録する世の中についてはどうですか？

「それはナイン・インチ・ネイルズがこの世の人が好むレコードを作ったってことだよ」

●はい、その通りですね。（……後略……）

この受け答えはなかなか滑稽で笑えるものだが、ナイン・インチ・ネイルズが売れるというのは、やはりそのような音楽を受け入れる素地（オタク的な？）がオーディエンスの側に出来上がっていればこそなのであって、そのような美意識の政治の成果や、その背景になっている社会状況があったればこそ、フランク・ブラックも「この世の人が好むレコードを作ったってことだよ」と言うことだってできる、というわけなのだ（この場合、フランク・ブラックが大した批評家ではないのは明らかだが、そもそもフランク・ブラックは批評家ではないのだから、それはそれとして、そのような考え方をしているものとして理解すればいいというだけのことだが。ちなみに、こういう姿勢をも含めてフランク・ブラックの音楽を理解すべきだと、少なくとも私は思うのだが）。こうした状況が成り立ってしまうのは、やはりポップの市場というものが、メディアや批評の政治によって意味付けられているからだと言うことが許されるだろう。だから、エンターテインメントが人を「楽しませる」ことができるのは、ある一定の美意識においてのことだが、その美意識というものが意味を持つのは政治性を帯びた、権力を及ぼすという形においてなのだし、この美意識（「～を素晴らしいと思う」）というものには、それが多様なものであるのなら、どうしたって政治というものが必然的に絡んで来ざるを得ないのだ。それこそが、展示的価値が「それをひとびとが眺めるということよりも、存在するという事実の方が重要だったと想像される」とベンヤミンの述べた礼拝的価値と異なる点なのだ。そこにおいては芸術の様態［＝有様］というものが、様々な脈絡において問われることになるのだから（このことは、現代においてもなお深い社会問題になっている宗教や信仰の自由などといった問題や、神秘主義の問題とも切り離すことができない。例えば、世界の現状のことを考えるなら、「礼拝的価値の抹消」などということは、やはり、実際には問題にはなり得ないだろう――カートが「リチウム」で歌っていたように――からだ。だから、ポピュラー・ミュージックの世界におけるアイドル・タレントなるものも、特に若い世代に向けたものとしてはなくならないのではないだろうか？　しかし、ここでは、煩雑を免れるために、この礼拝的価値の問題については捨象せざるを得ないだろう。この問題は、明らかに「芸術の起源」というものと絡んで来ざるを得ないような、なかなか厄介な問題だ）。

したがって、私はいわゆる「社会派」と「ポップ派」という対概念に依ってポピュラー・ミュージックを把握しようとしても無駄であるという意見を持っている。その理由は、「社会的」でないポップスなんてもんは存在しないというただそれだけのことである。それでは、大伴が言わんとしたことには何の意味もないのかというと、そういうわけでもない。つまり、彼が「ポップ派」としての立場から『ユニヴァーサル・マザー』を「社会派と呼ぶつもりはない」という――ちなみに、ここには「アーティストとしての美意識と批評家としての美意識を区別する必要があるのか？」という問題意識は存在していない――際に持ち出した論拠のことを考えてほしいのだ。彼は、その音楽について「もう少しサウンド的にもエンターテインメントのフックがあってもいい」のにという言い方をしている。ここで彼が示唆しているもの、それが彼の言う「ポップ」の意味なのだ。つまり、もっと聴き手を楽しませる（エンターテイン）要素があってほしいと彼は言っているのだ。さらには、明確にそうだと言っているわけではないのだが、そのような聴き手を楽しませる要素の欠如のために、このCDが社会派のアルバムとして充分に機能することが妨げられてしまっているということをも言いたいのだろうと推測させるようなニュアンスが、この文章からは読み取れる。

〈ということは、彼はベンヤミンが「芸術の政治主義」と言う場合の「政治」という言葉の意味を、「メディアの政治」などを含まないような極々《ごくごく》狭い意味合いで、つまり政治家が携わるようなものについてしか意味してはいないという具合に、極めて限定された意味において理解するべきだと考えている――考えてはいないのか？――ということになるのだろう。当然ながら、私はそのような立場は取っていない。アーティストの権力、その作品の美の力、批評家の権力、様々なメディアの権力などを含んだ意味合いにおいて、その闘争としての「政治」というものを理解している。だからこそ、そこにおいて作品の美にとどまらない、広義の美意識というものが問題になって来るというわけなのだ。そして、それらの美意識は、差別問題などを含んだ、社会というものの現実にも跳ね返って来ることにもなるのだ」

ベンヤミンにおいて、芸術の政治主義というものは、芸術の産物としての美的対象に関して、それのあることではなく、それのありよう（「いかに」）の方が、つまりその基体「＝実体」なんかではなくて仮象性［＝見掛け］の方が問題にされるべきであるという美学的な要請と切り離すことができない。つまり、「エンターテインメント（娯楽）」ということについて、享受する側にしてみれば、楽しむことのできるア・プリオリに決定された領域、ないしは実体などというものを特定することは無意味（つまり、「味わってみなきゃわからん」）なのだ。そのことは、美の享受ということの本質に根ざしていることなのだ。だから、形而上学的とも言えるようなニュアンスを帯びている礼拝的価値なんかではなく、展示的価値こそが祭儀から自立した芸術においては本来問題にされるべきものなのだ。逆の言い方をすれば、「仮象（Schein, semblant）」を欠いた芸術などというものはあり得ない。何故なら、美的享受というものは「仮象」に依存しているからだ。そして、「仮象」を欠いた祭儀などというものもあり得ないけれども、カフカやベンヤミンが言っているように、

「仮象の死」というものがあるとすれば、それはなんら美的なものではあり得ず、単に宗教的な啓示――そのようなものがあるのだとして――のようなものになるだろう。つまり、それこそが展示的価値を欠いた礼拝的価値というわけだ〈この「礼拝的価値」と、いわゆる（私に言わせれば「純化された」）「エンターテインメント主義」との関係についてはこの註の註†1で取り上げられている〉。

そして、「政治」ということで問題になっているのは、むしろ「権力の闘争」ということなのである。政治においては、絶対的な正義なんてものは問題にはなっていないのだから。それゆえ、「芸術の政治主義」では、社会正義を振りかざすなどという単純なことがなんら問題になっているのではないのだ。それに対して「エンターテインメント主義」を対置するのは明らかに誤解に他ならない。こんなことは、いちいち言うまでもなく当たり前のことだろう。ベンヤミンは、それを、美意識の多様性と、そこから生じる闘争とを肯定するための論理として、自らが「裏返しの神学」と呼んだ「芸術のための芸術」的な耽美主義や、政治の世界ですらそのような耽美主義の神学に侵犯されてしまっているファシズムにおける芸術のありように対比させているのだ。だから、そこにおいて問題になっていたのは、例えば「政治的妥当性に則った歌詞を書く」とかのお話にもならないようなくらい馬鹿ばかしいことなんかではまったくないのだ。そして、たとえそのようなことを問題にしているわけではないにしても、創作活動に込められた美意識の政治性が批評によって問われねばならないということもまた当然のことなのだから、アーティストにとってインタビューやプロモーションも「美意識の政治」の一部として行なわれているのが現実なのであって、実際、アーティストがそのようなことを行なうための場としてインタビューというものを活用しているということが、日常茶飯事的に起きていることに他ならないのではないか？　私がベンヤミンを引き合いに出して言いたかったことというのは大体以上のようなことなのだ（だから、私が引き合いに出したベンヤミンの「芸術の政治主義」というものを、「社会正義をふりかざした芸術こそが行なわれるべきであるという主張」（アホクサ）として単純明快に理解して攻撃を仕掛けてきた人たちは、たとえ、それが批評なんかではなくて芸術表現によるものだったとしても、その人たちが抱いている美意識というものが紛れもなく政治的な形を取って現われるということを身をもって実証してくださる結果になった、というだけのことだったのだ、ハハハ。《どうもご苦労さま、ご協力感謝いたしておりますです、ハイ》（嫌な奴やなー、我ながら。でもさぁ、教養がなかったり、誤解や曲解をしたりする方がそもそもは悪いんだから、仕方ないよね）。芸術作品というものが礼拝的価値ではなく、展示的価値として暗黙のうちに扱われている結果として、美意識というものがどんなに政治的なものになってしまったのかということをおわかりいただけただろうか?)。

考えてもらいたいのだが、『複製技術時代の芸術』を亡命先のパリで執筆していた当時のベンヤミンは、ナチス政権の国民啓発宣伝大臣だったゲッペルスが、芸術を、そしてその美意識を管理するのを目の当たりにしていたに違いないのだ。そこで無視されていたのが、美意識の政治性なのだ。美というものに関して、芸術作品の礼拝的価値に重点が置かれるなら、そこでは美的対象が存在するということが大切なのであって、美の仮象性というものの重要性は軽視される。となると、創作者の美意識の自律性が損なわれてもいい——プラトン的な脈絡で言うなら、ミメーシスの楽しみのためにどのように表現されているかが問題にされた古代ギリシア美術よりも、宗教に奉仕し、不動の定式に従って表現されるために、何を表現しているかだけがもっぱら問題にされるべきであったような古代エジプト美術的な芸術のあり方におけるように†2)——ということになる。あるべき美意識というものが、美的国家の祭儀の名の下に天下り的に与えられ、管理されてしまうなら、そこにおいて失われるのは美意識というものの多様性である。それは批評の自由をも奪ってしまう（ただ、この場合には、非固有性に帰着させられたユダヤ人だけがスケープ・ゴートに仕立て上げられてしまうという、それに対する代償というものが、極めて醜悪な形で、計画的に与えられているということにもなっていたわけなのだが）。そして、その極限においては相異なる美意識相互から生じる葛藤というものも生じ得なくなってしまうだろう。だから、いわゆる「政治的なテーマ」を取り上げることが困難になるというだけではなくて、「美意識の政治性」が問われるということも、アーティストや批評家、さらにはメディアによる「美意識の政治」も同時に管理され、その自律性が失われてしまうということにもなるのだ。「エンターテインメント」の軽さ、それは「礼拝的」なものではなく、「展示的」である。それゆえ、その美の力は政治的であって、宗教的ではない。だからこそ、それは批評されざるを得ないのだ。その批評そのものも、それが身を託しているメディアも政治的である。それらはみんな「権力（＝power）」を持っているのだ。

そして、それに対して、彼が対立させているのが、社会制度を変革する手段としてポピュラー・ミュージックを把握しているものとしての「社会派」というわけだ。ところで、ここでは「社会派」の芸術的な価値というものを「ポップ派」の価値から独立したものとして提示するものが、音楽そのものの中に求められてはいない。何といっても、その見解においては、音楽がプロパガンダに従属した手段に過ぎないものに格下げされてしまっているわけなのだから。彼は、音楽そのものについては、音楽そのものにとっては外部的なものに他ならない社会制度の変革に寄与できないようなものについては、「解放戦線に身を投じた方が得策なのではないか」と言ってしまうことに依って、「社会派」失格の烙印《らくいん》を事実上押していることになっているのだから。ということは、この事態をより適切に言い表わしている言葉は別にあると言わざるを得ないだろう。つまり、「エンターテインメント派」と「(政治的)プロパガンダ派」という対概念を立てて理解する方が、彼の言わんとすることも、遥かに明快でわかりやすいものになるだろう。それというのも、「音楽が政治的プロパガンダとして機能し得ないならやるに値しないものである」というのが、大伴が「社会派」アーティストにとっての音楽というものに与えている定義に他ならない――こういう言い方はしていないが――からだ。しかしながら、「政治的プロパガンダ派」というものは、芸術を政治的な真実(〔=形相的なもの〕)に奉仕すべき二次的な何かに還元してしまうという意味では、芸術の政治主義というよりは、むしろ、政治的耽美主義の一種と見なし得るであろう。(→このことの根拠に関しては、特に、この註2の†2の‡1、及び、その‡1の☆2の

二つの註を参照のこと）

しかしながら、仮に「社会派」と呼ばれるべきアーティストの中に、そのような極端な考え方をする、音楽というものの判断基準を音楽そのものの外部に求めるような価値観の持ち主が実際にいるのだとしても、そんなのはそのうちのごく少数でしかないだろう。「社会派」のアーティストが求めているものは、いわゆる狭義の「政治」に関して言えば、せいぜい問題意識を喚起するということだけなのである。彼らのうちの大部分の人たちにとって、音楽そのものが何よりも大切だという点については、いわゆる「エンターテインメント派」の人たちとなんら変わりはないはずなのだ。つまり、彼らの大部分にとっての「政治」というものは「エンターテインメント」そのものに他ならないのだ。そのことは、例えば、ラップのような言葉が重要な役割を担っている音楽のことを考えてみれば特にわかりやすいのではないだろうか？　つまり、言い換えれば、ポピュラー・ミュージックに於ける「社会派」というものは、エンターテインメントというものに於いて、自らの美意識が政治性を持つ――その場合、「美意識の政治性」ということには、作品そのものの持つアーティスティック・パワーやプロモーション、インタビューなどを介するものも含まれていて、アーティストの美意識というものは、それらの総体を介してオーディエンスに伝えられることになっている。だから、インタビューなんかに関して言えば、そこにおいてその成果が問われることになるのは、アーティストの力量だけなのではなく、ジャーナリストの力量でもあるということは明白なことだろう——ということへの配慮というものがあり、その政治性が検討されることを引き受けるつもりがあるアーティストを「社会派」のアーティストと呼ぶことができるだろう。だから、「社会派」というアーティストの定義というものも、本来なら、その芸術にとって内部的なものとして定義されるべきなのであって、その「社会派であること」の根拠を芸術の外部［＝社会変革］に求めなければならないなどという発想は、芸術批評としては明らかに倒錯していると言わざるを得ない。

仮に、「変革」というものが音楽にとって問題になるのだとしても、それは、そのエンターテインメントの空間それ自体にとどまることだろう。『国境のバラード』†3）に見られるような音楽がエンターテインメントとして成立すること、このことは社会状況とそれを反映した美意識とが相まって生じることなのだ。このように、エンターテインメントというものは、それがエンターテインメントとして成立している基盤となっている美意識や社会状況などから切り離して、それだけを取って純化した形では、どうしてそれが楽しみとなるのかを理解し得ないようなものであることもしばしば生じるようなものなのだ。だから、それは政治なのだ。
そして、私はと言えば、シンニード・オコナーのことを、社会派ではあってもプロパガンダ派であるとはまったく思っていない、というわけだ。彼女が図らずもしてしまった発作的な挙動の動機は、音楽を政治的プロパガンダの手段だと思っているからなんかではまったくないと思う。それは、そんなことよりも遥かに感情的かつ発作的なものであって、むしろ精神的なトラウマにこそ彼女の数々の挙動の原因はあるのだ（教皇の写真を破ったことが、カトリック教会の、中絶を禁止して子宮を管理しようとする体質と関係があるのは明白だろう）。そして、本当に彼女が政治的プロパガンダとしての機能に音楽のもたらすものを還元させてしまうような滑稽な意見の持ち主であるのなら、とっくに彼女は音楽をやめているはずだ（真面目な話、一度この件に関して彼女に聞いてハッキリさせるがいい。そういうことをハッキリさせる前にあんなことを言うのは、明らかに越権行為的な批評だろうと思う）。

†1）ティーンエイジ・ファンクラブなども掲げている、このエンターテインメントに対する態度というものを明確なものにするために、定式化を行なうなら、次のように言い表

わすことができるだろう。すなわち、「純化されたエンターテインメントとしてのエンターテインメントを追求するエンターテインメント主義とは何ぞや？」

この「純化されたエンターテインメント主義」なるものは、純粋な詩的言語を追求したフランスの世紀末詩人ステファヌ・マラルメの試みに対比させてみることによって、その意味を明らかにすることができるだろう。マラルメの試みは、ベンヤミンによって「芸術至上主義（l'art pour l'art）」と関連付けられて「裏返しの神学」と呼ばれ、その詩的言語は詩人のパウル・ツェランによって「フェティッシュ（呪物）」呼ばわりされたわけなのであるが、これらの指摘は、少なくとも、詩というものに対する一時期のマラルメの態度に関しては、当を得たものであると言える。逆の言い方をすれば、マラルメの挫折は、このことを明らかにする美学的な意味合いがあったという意味で重要だった、とも言えるのかもしれないが。

つまり、「エンターテインメントのためのエンターテインメント」を追求することは、「芸術のための芸術」を追求することと同じ袋小路に突き当たらざるを得ない。人は、社会的な問題と緊密に結び合っている主題に他ならない、様々に政治的なものを、怒り、諷刺《ふうし》、パロディー、抗議、悲しみなどといった多様な手段を介して楽しむことができるのであって、それをことさらエンターテインメント主義の名の下に退けるのは、かえってエンターテインメントの可能性を狭めてしまうというだけのことだ。そうした音楽に対する考え方、ないしは感じ方というものは、ある意味では潔いものと言えなくもないが、様々なものに影響される人間の感情というものは、本来、決して無菌室なんかではないはずではないのか？ だから、政治的なものが入り込んでくることによってエンターテインメントとしての純粋さが妨げられるなどという発想は、単に滑稽というだけのことなのであって、本来的に、エンターテインメントが純粋である必要なんかないのだ（だから、理解しなきゃならないのは、「純化されたエンターテインメント主義」などというものは耽美主義的な「裏返しの神学」の変奏曲に他ならないってことだ。だから、ベンヤミンの文脈で言えば、「芸術の政治主義→芸術をエンターテインメント（展示的価値）として把握する」、「政治の耽美主義→政治は美のイデア（国家）に奉仕すべき」として把握するのが正しい。しかし、純粋なエンターテインメントなんていうものはない）。そもそも、私たちが何かを楽しむ時に、すぐに飽きてしまわないためには、様々なものが入り混じった多様性こそが必要とされるものなのだ。だから、そういう自分たちの姿勢のことをいちいち説明したくなるというのは、政治的なものに発する怒りや悲しみなどの人間の生の感情を、自分の芸術から排除していることへの釈明として取られても仕方がないだろう。それに、敢えて作品から意図的にそのようなテーマを排除した所で、美意識の政治性というものを免れることはできないという事実は残るのだ（だから、逆に、政治主義を退けるということは、自分の美意識はそんな薄汚れた政治なんていうもんとは関係ないんだい、という幼児的な戯言《ざれごと》なんじゃないの？　つまり、そいつは自分の美意識というものを祝聖さるべきものとして絶対化していることになるだろう。実際、現実に色んな美意識があるということはなく、それらの相互で葛藤というものはなく、自分の芸術に対するアプローチの仕方などをインタビューで表明しなきゃならない必要性を感じてはいないわけか？　それなら、どうしてインタビューを現実にやらなきゃならないというのか？）。

「私は音楽に対する姿勢として、こういう態度を取ることを好ましく思っていますよ」とインタビューでアピールすること、このことは明白に政治的なことなのだ。どうしてこんなことをしなければならないのか？　それは、「音楽に対する」自分の姿勢を弁護するなり、アピールするなりの必要があると思うからではないのか？　そして、そこにはやはりその人の美意識というものが反映されているのだ。このこともまた明白に「政治」の一種なのである。逆に、こういうこと（インタビューやプロモーションetc.）を一切しなかったたなら？　それはそれでまた別の政治性を帯びたものとして受け取られるというだけのことだ。そのような姿勢から、私たちは、アーティストが作品に込める美意識の一端に触れることになるというわけだ。社会とは、そしてポップスの市場とはそういうものなのだ。

†2）この辺りの議論に関して、私は、美術史家E・H・ゴンブリッチの著書『芸術と幻影』を参照している。ゴンブリッチは、古代ギリシア美術の歴史的な独創性というものを特徴付けて、次のような美しくも適切な言葉で言い表わしている。

「……プラトンは、真偽の間に明確な一線を引くことを重大視したが、芸術は、この唯一の区分を不鮮明にするところに前進があるのだと思う。‡1）

（……中略……）

ところで、ギリシア人の決定的な発見とされるものこそ、まさにこの薄明の国、「目覚めている人びとのための夢」を承認したことなのである」（E・H・ゴンブリッチ『芸術と幻影』瀬戸慶久訳、岩崎美術社、一九七九年、一八八ページ）

この言葉は、宗教的な祭儀と袂《たもと》を分かつ芸術というものが、どのようにしてその独自の権利［＝目覚めている者のための夢を見る権利］を主張し、人々に受け容れられるに至ったかの経緯の決定的な瞬間を如実に表現している。そして、このことが起こったということは、おそらく、ギリシア的な「知（エピステーメー）」の問題とも密接に関連し合っていた現象だったものと思われる。それを敷衍して言うなら、つまり、アリストテレスの『詩学』という「批評」――プラトンの「ミメーシス」批判というのは、芸術の意義というものを祭儀に従属するものへと還元しようとしている点において、本来の意味での芸術の「批評」とは呼べないように思われる‡2）――の出現と、芸術の宗教的な祭儀からの自立には明瞭な関連性があるものと考えられるのではないか、ということである（似たようなことを指摘した人がすでにいるのではないか、とも思うが）。

ミメーシスということに関して言えば、哲学者のカール・ポッパーの影響を受けたポッパー主義者を自認しているゴンブリッチは、「作ることとは合わせることの前にくる」（前掲書、一七二ページ）と述べて、図式を作り、それを心理学でいう「投射」によって対象に図式を重ね合わせ、修正を繰り返すことによって対象に適応することになるのだとして、プラトンの言うような、先在する「イデア」の「模倣」としての芸術を退けている。彼にとっての「形相」とは、むしろ作った「図式」の「投射」と図式修正の結果産物なのである。そして、芸術家の作品に対して面と向かう鑑賞者も、内なるファイリング・システムから図式を投射することによって作品を理解するのだ、と（この場合には、今度は、構成的な主体と「投射」とがア・プリオリに前提されているわけだが）。

ところで、ここでの議論には直接の関係はないのだが、ゴンブリッチは、現代的な続きもの漫画（コミック・ストリップ）の元祖が、ゲーテと同時代のスイス人、ロドルフ・テプファーだったということについても触れていて、テプファーが創作した漫画や、彼が漫画の効用を説いた興味深い理論についても紹介している（前掲書、四五一～四五九ページ）。この箇所を読む限り、テプファーは、映画史におけるメリエスのように、漫画という媒体による表現のための方法論を構築するという位置を、漫画史において占めているようだ。

‡1）芸術について言われている、この「真偽の間」の「区分を不鮮明にすること」に関連して是非とも指摘しておかねばならないことがあるので、そのことに触れておこう。以前、私はレナード・コーエンの歌詞を引き合いに出して、美とミメーシスと仮象、そして崇高の問題に触れたことがあったが、今になってみると、「仮象」に対する「虚構」という概念をどう位置付けるべきなのかという視点が抜け落ちていたあの議論では不充分な所があるために、特に誤解を招きかねない点があることが判明したからである。ラクー＝ラ

バルトが、フィロストラトスの『絵画論』に触発されて、「再現的・複写的表象という意味での表現」――つまり、モデルをコピーすることが問題になっている――ではなくて、「再現前化させるという意味での表現」――仮象を生成させることが問題になっているので、むしろドゥルーズの「反復」なんかに近いものなわけだ――として把握すべきことを説いた古代ギリシア哲学に由来する「テクネー（芸術［＝技術］）」、及び「ミメーシス（模倣）」というもの☆1）に関して補足しておかねばならないのは、なるほど、芸術においては、いわゆる作り事としての「虚構（fiction）」とミメーシスに依って作り出される「仮象＝見せかけ（Schein, semblant）」とを混同することに意味があるのだとしても、技術に関してはそうではないのだし、政治の技術（戦争etc.）においてもそうではなく、むしろきちんと区別しておく必要がある、ということである。その場合には、事実に反している「虚構」というものが「仮象」から排除されなければならない。その場合の「仮象」というものは決して作り事なんかでは済まされないのだし、それらを混同してもよいとする発想が政治を堕落させることになるのだから。ラクー＝ラバルトが言うように、政治的なものを虚構と見なす「思惟の真理」に他ならない「国家‐唯美主義」というものは、「政治の唯美主義」（「イデア‐国家」という思惟における美しい真理に政治というものの意義を還元

してしまうこと）の愚昧《ぐまい》さでしかないのだ。☆2）その真理は、現実を蔑《ないがし》ろにした単なる真理の幻想に他ならないのである。☆3）

したがって、翻って言えば、ドゥルーズの「見せかけ（simulacre）」やジュリア・クリステヴァの「真実らしさ（vraisemblance）」などを単なる虚構として扱うことは許されないということだ。「仮象こそ真である」と言ったニーチェの「永劫回帰」に触発されたドゥルーズが、生成する仮象としての「見せかけ＝シミュラークル」の概念というものを、精神分析に関連付けられた「反復」云々との関連はともかくとして、「差異（différence）」を肯定するためのものとして提示したのは正しかったと言えるだろう。

ドゥルーズの「シミュラークル」が哲学の脈絡におけるものであるのに対して、クリステヴァの「真実らしいもの（vraisemblant）」という概念は、ラカンの「見せ掛け＝仮象」という概念を踏まえた精神分析の脈絡に近いものなので、ジャック＝アラン・ミレールが言うところの、分析家の占めるべき地位に他ならない「虚構としての現実界」☆4）という概念と結び付き得るものとしても考えられていたわけだ。

☆1）フィリップ・ラクー＝ラバルト『政治という虚構——ハイデガー、芸術そして政

治』、浅利誠、大谷尚文訳、藤原書店、一九九二年、一六二ページ。

☆2）フィリップ・ラクー＝ラバルト、前掲書、一六八ページ。ラクー＝ラバルトによれば、この「政治的なもの」というのは、ドイツ観念論の系譜と結び付いているものなのである。要するに、そこで問題になっているのは模倣のプロセスに先立つ「主体」と、特に「形相的なもの（eidétique）」なのである。

「そしてエイドス［形相］――広くは形的なもの――が同一なるものの前提そのものなのだとしても、模倣のプロセスを検討することができる可能性をあたえる出発点は形相的なものではない。しかもひとつの伝統全体（これはナチズムで頂点に達する）が政治的なものは個人と共同体の虚構性に依存すると考えたのは、プラトンからニーチェとヴァーグナー、さらにはユンガーにいたるまで――いや、ハイデガー、いずれにしてもトラークルの読者としてのハイデガーにいたるまで（だが、このことを私たちに教えてくれたのは彼なのだ）――、こうした形相的なものが、私が存在－類型学と呼ぶことができると考えたものの形で模倣論の基礎に横たわっているからである」（フィリップ・ラクー＝ラバルト、前掲書、一五八ページ。傍線は筆者によるもの。つまり、この傍線によって示された箇所からもわかるように、この「虚構としての政治的なもの」を明らかにするに際し、ラクー

＝ラバルトは、ハイデガーから学んだものがあったということを主張しているのであって、そのために、註†2の‡2で述べることになるように、アドルノの「ハイデガー批判」に自らの「批評」を対置するのである）。

つまり、その「政治的なもの」において問題になっているのは、この「形相的なもの」に「政治の真理」を見出すことによって、それに対して関係する実体（主体）が虚構とされるに至るような、プラトン的な思考であるわけだ。そして、特に「国家社会主義」においては、国家がエイドス化されているというわけである。

☆3）この真理は、解釈学がそれを十全な真理としていた「伝統の真理」である。アラン・ジュランヴィルに依れば、ラカンは「啓蒙哲学を援用し、絶対的なものとの関係、および未分化の宗教感情に一切を浸す解釈学の蒙昧主義に反対」している（アラン・ジュランヴィル『ラカンと哲学』〔高橋哲哉、内海健、関直彦、三上真司訳、産業図書、一九九一年〕、四二六ページ）という。つまり、伝統の真理は、「純粋な真理ではなく、社会的世界が伝統に従って組織だてられる以上、或る種の暴力を含んでいる」ので、「絶対的昇華を阻む暴力を担っている伝統的宗教感情との絶縁を示さなければならない」（フィリップ・ラクー＝ラバルト、前掲書。傍線は原文では傍点になっている）のだという。解釈学においては、「伝統」が註☆2に見たような「形相的なもの」の位置を占めることによって、「政治の真理」が反復されている。この社会的倒錯として把握された伝統的世界の批判は同書の第六十六節（四二四〜四二七ページ）で取り上げられている。

大澤真幸がガーダマーの解釈学の超越論的な理念的実体としての「伝統」に加えた批判（『行為の代数学』、青土社、一九九二年、三〇八〜三〇九ページ）は、ラカンの批判と完全に射程を共有したもののように思われる。

☆4）ジャック－アラン・ミレール「顕微鏡視」（ジャック・ラカン『テレヴィジオン』〔藤田博史、片山文保訳、青土社〕所収、一五九ページ）

‡2）このミメーシスに対して、それを断罪するプラトンの「批判」とアリストテレスの「批評」に絡めて述べておきたいことがある。つまり、左派ハイデガー主義者であるラクー＝ラバルトがハイデガーに対して「批判」ではなく「批評」という態度を取ったということについてである。これをラクー＝ラバルトは、ハイデガー主義者ではないテオドール・アドルノの「ハイデガー批判」に対置する形で用いたのだが、アドルノがハイデガーを批判する時、それはもちろんハイデガーのナチズムとの関わりを批判しているわけである。ラクー＝ラバルトは、ナチズムを批判するという点ではアドルノと軌を一にしているわけ

なのだが、ハイデガーに関して、ナチズム批判という射程で評価すべき部分がある——つまり、それを「ヘルダーリンについてのテクスト」の中に見出しているわけだが——としている点においては、完全に袂を分かたっているからこそ、アドルノの「ハイデガー批判」に対して「ハイデガーを批評する」ということを言うわけだ。この点を誤解すると奇妙なことになってしまう。

†3）デヴィット・ブラッドベリー（David Bradbury）監督のドキュメンタリー映画（一九八八年）。原題は“South of the Border”で、中南米の独裁政権を批判したり、革命を歌ったりしている音楽などを扱っている。原題の“Border”は、いわゆる「南北問題」の南と北を分かつ境界を意味しているので、邦題は原題のニュアンスを忠実につたえているとは言い難い。

（以上、傍線は筆者によるもの）

（一九九四～一九九五年頃）

フランク・ブラック氏への謝罪文

拙稿「ポピュラー・ミュージックにおける『エンターテインメント（娯楽）』の概念」の中で、フランク・ブラックさんの音楽に対して自分が下した、行き過ぎた断罪的評価について謝罪します。

同論文の中で、私はフランク・ブラックさんの受けたインタビュー記事に基づいて、先走った評価判断をブラック氏の音楽に対して下してしまったことで、フランク・ブラックさんの感情を傷付けてしまったことを、心からおわびしたいと思います。確かに、同論文の中で言及したインタビューの中で、ブラック氏が矛盾した意見を述べている箇所を見て取ることができるのは事実ですが、それはブラック氏本人に音楽に対する批評的観点が欠落しているとか、まして、氏の音楽に自分の影響を受けた音楽を批評的に消化せずに創作していたことにはなんらならないことに私は後から気付きました。それとは別に、この頃の私は音楽面での影響というものを意図的かつ戦略的に、つまり意識的に制御して享受しながら音楽を創作するに到る方向性を、もっとそうした意識的なコントロールを免れた、所与の状況に無意識的に身を委ねた状態で受ける影響の下で創作する方向性より下の、評価に値しない方向性だと見ていたような所があったようです。今になって考えると、ある時代のメディア状況に支配された音楽の享受は、その意識的な選択のレヴェルを超えた所があって、安易に自分はこの音楽を意図的に選んで聴き、楽しんでいるのだという事実に還元することはできないものなのだということに思い到りました。ですから、フランクさんが「アーティストのプライヴェートな物語が作品理解への重要なスイッチになってるようなロック」を楽しめないと言いつつ、「いい音楽を作るほうが……中略……貢献できる」と述べていたのは、今となって考えると、アーティストが今のようなメディア状況下に晒《さら》されている場合には、ある程度保護されている必要性があるものなのだということを訴えているものと読むことができ、したがってブラック氏にメディア状況に対する批判的な視点が欠落しているとか、音楽、延《ひ》いてはメディアによる影響の大きさを過小評価しての発言ではなかったのだということが理解できるようになりました。今では、ポピュラー・ミュージックの提供と享受は、意図的・戦術的な市場の操作、批評家の評価云々よりも、もっと所与のメディアの状況下での幸運な出会いによって決定付けられているというのを日々実感するようになりました。メディア状況は意識的なコントロールをまったく超えた所で、もっと自然に働いているものだと思えますから。

繰り返しになりますが、フランク・ブラックさん及び彼の音楽に関わった方々に再度謝罪したいと思います。どうも済みませんでした。

（二〇一一年）

アントワーヌ・ヴァトー論

Les deux oeuvres d'Antoine Watteau : "L'amour au théâtre français" et "L'amour au théâtre italien"
アントワーヌ・ヴァトーの二つの作品、「フランス芝居の恋」と「イタリア芝居の恋」

導入

アントワーヌ・ヴァトーの二つの作品、「フランス芝居の恋」と「イタリア芝居の恋」は、二つで一つの対を形成している。ヴァトーの作品の中には、このように二つで対になるような体をなしているものが幾つか見られる。例えば、「おませな娘（La finette）」と「無頓着（L'indifférent）」や、「フランス喜劇の役者たち（Comédiens français）」と「イタリア喜劇の役者たち（Comédiens italiens）」、あるいは、結果として見れば、ルーブル美術館の「シテール島の巡礼（Le pélerinage à l'île de Cythère）」と、そのレプリカとして制作されたという、シャルロッテンブルク宮殿の「シテール島への船出（L'embarquement pour Cythère）」についてもそうだと言えるかもしれない。

ヴァトーがこれらの作品において、いかなる動機に基づいて二つの作品を対比させながら描いたのかについては、必ずしも明白ではない。そこで、これらの二つで対になる作品のうちの一つとして、「フランス芝居の恋」と「イタリア芝居の恋」という対を取り上げることによって、どうしてヴァトーが一つの対比の内において二つの作品を制作したのか、そして、その対比にどのような意義を与えていたのかを浮き彫りにしてみよう。そうすることによって、ヴァトーが絵の創作に際して取っていた根本的な態度の或る面に光を当てることが可能となるだろう。

1．フランス芝居の恋（"L'amour au théâtre français"）

この「フランス芝居の恋」という作品については、ダンクールによる喜劇の『シュレーヌ即興劇（L'Impromptu de Suresnes）』との関連が、アンドレ・ブランに依って指摘されている〈註1〉。「何を描いた絵か？」ということに関しては、半ばこのブランの説に依って導かれることになる。つまり、ダンクールの喜劇との関連性を手掛かりに考えて行くことにする。

ところで、ヴァトーの絵のテーマということを考える場合に、絵そのものが魅力的であるがゆえに、具体的なものとの関連において考えることを拒み、忌避しようとする態度がありがちなのであるが、その態度は、要するに、ヴァトーの絵に関しては、そのテーマについて知る必要はないし、たとえ何が描かれているかが判明したとしても、そんなことはヴァトーの絵を理解する上でなんらの役にも立たないということを、根本的には意味することになる。となれば、結局、ヴァトーが絵を描くことで目指したものが何だったのかを知る必要もないと言わんとするのか、あるいは、ヴァトーはただ絵を描いただけなのだと言いたいのであり、それ以上のことについて云々するのは無駄なことだということになるであろう。それはそれで一つの立場であるとも言えるが、そうした立場をここで取るつもりはない。また、ここでダンクールの喜劇との関連性を問題にしようとするのは、何らこの絵がその喜劇の一場面を描いたものだと主張して終わりにするためなんかではない。ここでは、その関連性は、絵を理解する上での一つの手掛かりであるに過ぎない。

ダンクールの『シュレーヌ即興劇』という芝居は、居酒屋（キャバレー）を経営するフォーレという夫婦の二人の娘たちが、父親の反対に遭うのだが、バッカスと痴愚神とキューピッドのおかげで、自分の愛する恋人と結婚することができるというテーマを扱っているという〈註2〉。そして、ブランは、「フランス芝居の恋」の中に、この『シュレーヌ即興劇』の登場人物に対応する要素を認めているのである。その説に従うなら、この絵の画面は、『シュレーヌ即興劇』の終幕をヴァトーなりにアレンジした画面ということを想定することになるだろう。

具体的に言えば、「フランス芝居の恋」に描き込まれている人物は、全部で十六人であるが、特にブランは、白昼の光の下に照らし出されて、生命感溢れる色彩で描き出されている九人の人物を次のように対応させている。まず、中央奥には、おそらくは自分たちの目論みが成功したことを祝うために赤ワインで乾杯しているものと思われる、バッカスとキューピッドがおり、その二人の間で両者を引き合わせるような身振りをしているのが痴愚神である（右側のキューピッドと見なされる弓矢を持っている人物は、秘儀との関連ということで言えば、ディオニュソスに対するアポロンという可能性もあるのだが、ここではとりあえずその観点については考慮に入れない）。右側の二組のカップルは、酒場の持ち主夫婦の二人の娘とその恋人たちである。その二人の恋人のうちの一人が何故か、当時最高のクリスパン役者であったとされるポール・ポワッソン（一六五八〜一七三五）演じるクリスパン〈註3〉なのだが、本来『シュレーヌ即興劇』には、クリスパンは登場しないはずなのであるし、ポワッソンがこの即興劇を演じたことはなかったはずなのだが、ブランは、ヴァトーがその「性格（キャラクター）」を好んだがゆえに画面に登場させたのだろうと、推測している〈註4〉。即興劇の中に言わば「異物」として投げ込まれた、このポワッソンのクリスパンは、剣の柄に手を掛けて、唯一人画面の中から絵を見る私たちの方へと視線を投げ掛けながら、「所詮、これは架空の劇場世界なのさ、悪いか？」と言いたげにも見える。

このクリスパンという法螺吹きのキャラクターが異物として投げ込まれているのは、何も「即興劇」の中だけに限ったことなのではない。ブランによれば、「フランス喜劇の役者たち」にはラシーヌの悲劇『ベレニス』の一場面が描かれているというのだが、ヴァトーはこの悲劇の中にも「フランス芝居の恋」に於けるのと同じ衣装を纏ったポワッソンのクリスパンを登場させてしまうので、ブランは、「一体彼（クリスパンのこと、筆者）は悲劇の中に何をしに来たのか？」と書く始末なのだ〈註5〉。本来なら登場しないはずの法螺吹きを投げ込むという操作は、この悲劇の場面を異化するためなのではないだろうか。一方、ジョヴァンニ・マッキアはこう書いている。「取り上げられているのは悲劇の一場面である。……中略……しかし、この場面が、ちょうど定期市の大衆芝居での全く異なる下品さでもって誇張された場面に見ることの出来るような、巧妙な滑稽化（パロディー）

の精神で扱われているのを見て取ることは困難ではない」〈註6〉。そう、おそらくは「大袈裟に騒いでるけどさぁ、これって所詮は架空の茶番なの」という、突き放しの効果を出すために意図的に不適格なキャラクターを登場させているのだ。この、悲劇を喜劇と呼ぶ題名は、単にそれがコメディー・フランセーズと結び付けられているためであるという以上の含みを持たされているのだろう。

そして、画面の中央やや左側に描かれている右側を向く婦人と、それに呼応するように画面右側で赤い服を着た後ろ姿を見せている男は誰かと言えば、ブランは、暗い色の服を身に纏っている女性の方を、即興劇の登場人物の一人の夫を失って間もない寡婦を想定している〈註7〉。また、男の方には、やはり登場人物の一人のバッカスの従者であるシレノスを想定している。シレノスは通常、ろばに乗った老人として表現されるのだが、ブランによれば、『シュレーヌ即興劇』に登場するシレノスはそのイメージに対応するものではなく、ぶしつけで揶揄《やゆ》嘲笑《ちょうしょう》を好む従僕（un valet）として登場しているので、画布上の精彩に富む色彩はその神性を充分に呼び起こし得るものであるとしている。

このシレノスに関しては、少々付け加えるべきことがある。同じヴァトーの作品に、ルーブル美術館にある「ピエロ（ジル）」と呼ばれる、ピエロを演じる男の肖像画がある。

この作品の画面左側にろばの上に乗った老人が描かれているのだが、この老人が何を描いたものなのかについて、ロベール・トムランソンはドクター（ドットーレ）――コメディア・デラルテの主要キャラクターの一つであるこのドクターについては、「イタリア芝居の恋」の方で触れることになるのだが――であると言い〈註8〉、ジョヴァンニ・マッキアはクリスパンと見なしている〈註9〉。これらの主張に一定の正当性があるとしても、このろばに乗る老人は、プリュギアのミダス王に人生の奥義として「最善は決してこの世に生れないこと、次善はできるだけ早く死ぬこと」という言葉を与えたと言われるシレノス〈註10〉としての性格が付与されていることに疑う余地はないであろう。「ピエロ（ジル）」の画面右側には、赤い服を着た比較的若い男がいるが、「フランス芝居の恋」に対比すると、シレノスとクリスパンの衣装の色が入れ替わっているということが言えるだろう。また、「イタリア芝居の恋」のクリスパンが画面の右側でこちらに視線を送っているのと同じように、「ピエロ（ジル）」の方のやはり黒い服を着たシレノスも、画面の左側という違いこそあれ、絵を見る者の方へと微《かす》かに笑みを浮かべた視線を向けている。

また、このクリスパンやシレノスの衣装の色を考えた場合に、黒や赤という色が用いられていることは目を引かずにはおかない。「ピエロ（ジル）」の方では、右に赤い衣装の若い男、左側に黒い衣装の老人、そして中央に白い衣装の若者がいる。これらは「黒化」「赤化」「投企」といった錬金術の過程に対応する意味合いを帯びていることを感じさせる〈註11〉のだが、この中で白い衣装のピエロに対応する人物が「フランス芝居の恋」の方には欠けている。ところが、その他ならぬピエロは「イタリア芝居の恋」の方に居り、そちらでは、唯一人だけ楽器を持っている人物なのである。それに対して、「フランス芝居の恋」の方には、ヴァイオリンとコルヌミューズ（バグパイプの一種）とフルートを持った三人の演奏者が、ただし、画面の中央の方に大きく描かれている「イタリア芝居」のピエロとは違って、左の隅の方に地味な色彩で描き込まれている。ブランは、これらの演奏者たちについて、原作者ダンクールの管弦楽団（la symphonie）という注釈とわざわざ関連付けてみせている〈註12〉。それはともかくとして、ヴァトーは、しばしば音楽家を描いているが、特に「ヴェネチアの祝宴（Fêtes vénitiennes）」の中のコルヌミューズ奏者としての自分の姿を描き込んだ場合などに顕著なように、これは絵筆を取る芸術家としての自分の姿の分身と考えられるので、「フランス芝居の恋」と「イタリア芝居の恋」という二つの作品での音楽家の扱いの違いの中には、二つの異なる世界に対する自分のアプローチの仕方の違いを描き出し、表現しようとする狙い――それが意識的なものであろうと、無意識的なものであろうとを問わず――が顕著に見られると言えるだろう。

その異なる二つの世界の差異とは、愛（l'amour）に纏《まつ》わるものでなければなるまい。と言うのも、それが絵のタイトルになっているからというだけではなく、愛こそがヴァトーが生涯を通じて追求したテーマだったからなのだが、そのことを考える上で避けることのできない、謎を解く鍵となるテーマは、こちら側、つまりフランス側では「痴愚神」なのだ（その理由は、やがて明らかになるであろう）。そこで、この痴愚神が画面に登場していることの意義を考えてみることにする。

ロベール・トムランソンは、全体とのバランスからするといささか異様に大きく描かれている、モーマスの持ち物（attribut）である笏杖《しゃくじょう》と一緒に左側手前に置かれているタンバリンについて次のような註釈を施している。

「エラトーの持ち物で、彼女がエロティックな詩の女神になった時に、愚者とも結び付けられた。笏杖に付け加えられて、タンバリンは『痴愚』と切り離し得ない愛の象徴を形成した」〈註13〉（エラトーは、ギリシア神話に登場する九人の詩神（ムーサイ）の一人で、独吟抒情詩を担当した）

要するに、トムランソンは、タンバリンと笏杖の組み合わせを描き込むことによって、

料金受取人払郵便

新宿局承認

7461

差出有効期間
2020年7月
31日まで
(切手不要)

郵便はがき

1608791

141

東京都新宿区新宿1－10－1

(株)文芸社

愛読者カード係 行

ふりがな お名前			明治 大正 昭和 平成 年生 歳	
ふりがな ご住所	□□□-□□□□			性別 男・女
お電話 番 号	(書籍ご注文の際に必要です)	ご職業		
E-mail				
ご購読雑誌(複数可)			ご購読新聞 新聞	

最近読んでおもしろかった本や今後、とりあげてほしいテーマをお教えください。

ご自分の研究成果や経験、お考え等を出版してみたいというお気持ちはありますか。

ある　ない　内容・テーマ(　　　)

現在完成した作品をお持ちですか。

ある　ない　ジャンル・原稿量(　　　)

書　名				
お買上書店	都道府県	市区郡	書店名	書店
			ご購入日	年　月　日

本書をどこでお知りになりましたか?

1.書店店頭　2.知人にすすめられて　3.インターネット(サイト名　　　　　　　)

4.DMハガキ　5.広告、記事を見て(新聞、雑誌名　　　　　　　)

上の質問に関連して、ご購入の決め手となったのは?

1.タイトル　2.著者　3.内容　4.カバーデザイン　5.帯

その他ご自由にお書きください。

(　　　　　　　　　　　　　　　　　　　　　　　　　　)

本書についてのご意見、ご感想をお聞かせください。

①内容について

②カバー、タイトル、帯について

弊社Webサイトからもご意見、ご感想をお寄せいただけます。

ご協力ありがとうございました。

※お寄せいただいたご意見、ご感想は新聞広告等で匿名にて使わせていただくことがあります。

※お客様の個人情報は、小社からの連絡のみに使用します。社外に提供することは一切ありません。

■書籍のご注文は、お近くの書店または、ブックサービス(0120-29-9625)、セブンネットショッピング(http://7net.omni7.jp/)にお申し込み下さい。

ヴァトーが、このフランス芝居の舞台を支配しているのが、愛という名の痴愚であるということを示そうとしていることを明らかにしている。トムランソンは、さらに、痴愚神が「定期市の守護聖人（patron de la Foire）」と人々に呼ばれていたモーマスと共に定期市の祝祭空間に於いて勝ち誇っていたこと——言い換えれば、このことは、モーマスと痴愚神のカップルこそが、祝祭空間の主宰者であることを暗示しているわけだが——を指摘して、ヴァトーが定期市の大衆芝居から影響を受けたことを示唆している。さらに、ちょうどヴァトーがパリに出てきて間もない頃（一七〇三年）に「カーニヴァルと痴愚神」というオペラ・バレーを創作したラ・モットの序文を引用しながら、当時の痴愚神というものは、精神の独裁に対する心（情念）の権利の主張を表わすものであったという〈註14〉。おそらく、この見解は、基本的には正しいものであろうが、ヴァトーの場合に関して言えば、シレノスのテーマ群やモーマス、痴愚神の登場の仕方などからして、エラスムスの『痴愚神礼賛』（一五一一年）を読み、そこからの直接の影響を受けていたことが推察できる。なるほど、『痴愚神礼賛』を読む限り、エラスムス自身、定期市の道化たちから影響を受けてこの書物を書いたのは確かなことでもあり、その意味で、定期市からの影響という指摘は二重の正当性を持つとは言え、ヴァトーは、エラスムスのテキストを通過することによって、これらの大衆劇のキャラクターについて、キリスト教人文主義的な、あるいは、それを超越するような独自の見解を抱いていたのではないだろうか。そもそも、「痴愚神」というキャラクターは、エラスムスが、あたかもギリシア神話に実在するかのように、人文主義的な古典に対する教養のペダンチスムを装ってふざけてこしらえた――その意味ではペダンチスムをも揶《から》揄《か》っているわけだが――神格だった。この定期市（縁日）の大衆劇のキャラクターも、その起源はエラスムスの創作にあったわけである。そして、そのエラスムスの痴愚神もやはり女神なのだが、この「痴愚」こそが、愛の愚かしさの、あるいは、愚かしさの形を取る愛〈註15〉の二重性の秘密を、プラトンの『饗宴』に登場するアルキビアデスがソクラテスに宛てた賛辞の中で用いたシレノス（またしても！）の像（箱）の比喩〈註16〉を引用しながら、語り出しているのである。

「まず第一に、あらゆる人間の事物は、アルキビアデスの『シレノスの箱』のように、きわめて違った二つの面を持っているということは、揺るがせないことですね。表面には、死と出ていても、なかを見てごらんなさいな、生がはいっていますし、あるいは、その逆です。美が醜さを蔽い、富裕は赤貧を、恥辱は栄光を、知識は無知を蔽いかくしているものです。頑健のように見えるものが、じつは脆弱であり、高い血筋らしいものが、じつは卑賤なのです。喜びは悩みを秘め、繁栄は不幸を、友情は憎悪を、薬は毒を匿していますよ。結局のところ、シレノスの箱を開いてごらんなさいな。看板とは逆なものにお目にかかるものなのです」(エラスムス『痴愚神礼賛』〈註17〉)

この文章を通じて、エラスムスは、愛がどんなに魅力的なものであっても、そこには二重性があるのだということを、その二重性を認めることの必要性を語っているのではないだろうか。愛が神聖なものでありながら、同時に卑俗なものでもあることを、あるいは、愚かしさの中の本質的な賢明さを、あるいは、賢明ぶることの愚かしさを、賢明ぶってアテナイのティモンのように孤立することの愚かしさを、あるいは、愚かしくあらねばならぬことを愛をもって受け止めることの大切さを。たとえ、クリスパンやスカラムーシュのような自惚《うぬぼ》れ屋であっても構わないのだ。自分に魅入られてしまっているかのような、馬鹿ばかしいナルシシズムでも、単に愚かに過ぎないものなのではないのだから。後にヴァトーは、この人間の二重性の愛に於ける顕現を、あの「ジェルサンの看板」に於いて真っ向から取り上げることになるのだ。

ところで、トムランソンは、痴愚神がオペラに於いてアルルカンを愛していた例があったことを指摘して、アルルカンがしばしば何らかの神性の代行者になることのあった定期市の芝居では、懐疑的で人を嘲《あざけ》るモーマスの役割を演じたのはなんら不思議なことではなかったとしている〈註18〉。このことは、「フランス芝居の恋」の中央上部の奇妙なモーマスの胸像と、「イタリア芝居の恋」のほぼ中央に位置するアルルカンとの内的な関連を指示するものだろう。しかし、その関連とはどのようなものなのだろうか？

トムランソンは、さらに、これらの神々（痴愚神、バッカス、キューピッド）の纏うオペラ・バレエの衣装が彼らの神性を引用符（ギュメ guillemet）でくくり、これらの恋人たちの愛を一つの現実として受け入れるべきなのか、それとも魅惑的な幻想に過ぎないものとして嘲笑すべきなのかが宙吊りにされていること、その恋の多義性が美学的なカテゴリーと見なされ得ることを述べている〈註19〉。確かに、ヴァトーにおいては、表現の曖昧性（ambi-guïté）がその詩的な幻想の魅力を構成する重要な一要素となっている。しかし、それは同時に恋愛における魅了し、魅了されることとの両面価値的（ambi-valent）な心の揺り戻しから切り離し得ないものでもあるだろう。要するに、双数的な（ambi）関係性が問題になっているのだ。そして、それはフランス（こちら）とイタリア（あちら）という地理学的な空間において問題になるのである。

一六五三年にパリにやって来たコメディア・デラルテのイタリア喜劇の一座は、一六六〇年から一六八〇年まではあのモリエールの一座と同じ劇場に上がったりして、フランスの演劇界に波紋を巻き起こし、一六八〇年には、その影響の下にコメディー・フランセーズ（Comédie-Française）が設立されるに至る。しかし、一六九七年に、ルイ十四世の第二夫人のマダム・ド・マントノンを諷刺した劇を上演した廉でパリから追放されてしまう〈註20〉。ヴァトーが、演劇の装飾に対する才能を持っていたためにパリのオペラ座に呼び寄せられたという画家の見習いとしてパリにやって来たのは一七〇二年のことで、その翌年の一七〇三年に彼はジローの下へ弟子入りしている。劇場の舞台美術も手掛けたという、この演劇好きな師の下で、彼はコメディア・デラルテについての幅広い知識を吸収したことだろう。そして、コメディー・フランセーズで何度か、劇を見たりもしたことだろう。ただ、注意しなければならないのは、やがてヴァトーはジローの下を去るのだが、弟子入りしていた期間のうちにイタリア喜劇の一座がパリに戻って来ることはなく、不在だったということである。

ジャック・ラカンは、その鏡像段階論に於いて、原初的母子一体の状態から子が分離する際に直面する「母の不在」という危機的状況に於いて、或る種の言葉遊びを通じて、母という現実的対象の「現前－不在」という対的な現象に対する変容した象徴的対象としての「不在－現存（イナイイナイ－バア）」の対が登場し、主体が象徴界に参入することに依って欲望の取り入れ（introjection）〈註21〉が行なわれるものとしている（このことをラカンは、ヘーゲル的な論理によって解釈し、フロイトが否定［die Verneinung］という概念で整理した現象と関連付けている）〈註22〉。その際、母は子にとっての鏡像的他者であり、母の欲望は子の欲望の鏡像として機能するという。この鏡像に於いてこそ、あの両価的な双数性が問題になるのだ。或る像に対して鏡像が成立するのは、その両者の関係が非対称であることによってである。というのも、対称であるなら、実像と鏡像の区別が付かなくなるからである。双数的な関係とはこの「どっちつかず」のことなのである。例えば、ラカンはメラニー・クラインを引いて、良い乳房と悪い乳房という部分対象の双方ともが同じ「母」に由来することを悟る時の幼児の抑欝的な状態を、双数的関係に巻き込まれて混乱した主体の例として挙げている〈註23〉。

他方、有機体にとっての本来の意味での鏡像に関して言えば、「私」が鏡に向かう時、「私」には後ろから前へという一つの方向性が前提されていて、その方向性は鏡によって「反射」される。つまり、前だった方向が後ろ、後ろが前になる。それゆえ、前後というより具体的な方向性に拘束される左右はひっくり返るが、一般に前後という方向に対して独立に決まる抽象的な上下――これは地球の重力によって与えられているわけだが――という方向は転倒しない。つまり、この場合の非対称とは像に左右があるということ、像がある矢印的な方向性の内にあり、その方向性の反射は対称なのではなく、逆さまに転倒されていると見なされねばならないということを意味しているのである〈註24〉。そして、この非対称性によって双数的な関係が廃棄されるべきなのだ。これは要するに、左右の区別がある一般的な鏡像というものは、群論の応用によって対称形の対称性を表現する際に、偶(even)と奇(odd)として表現する場合の「奇」に相当するということであろう。そして、鏡像は、この意味では、非対称性においてしか成立しない、というのも、先ほど述べたようにどちらが鏡像で、どちらが実像かを決定できないからだ。もし、どちらが実像で、どちらが鏡像かの決定がなされたなら、その時点でこの非対称性が入り込んで来るのだ。鏡像段階、そこにあるのは、シンメトリー(symmetry)に過ぎないものではない。ラカンが「シーソー」という言葉で表現したように〈註25〉、レシプロックな(交互に入れ替わる)形を取るキラリティー(chirality)なのである〈註26〉。

ラカンは「双数的関係から真の相互主観性を区別する」〈註27〉ものを説明するために、

ポーの短篇小説『盗まれた手紙』のおはじきゲームに勝つ少年の推論を持ち出している。このおはじきゲームは、相手の持っているおはじきの数が偶数か奇数かを当てるというものなのだが、少年がこの勝負に勝つ方法というのが相手の知性の程度を客観化すること、つまり推し測ることである。少年は、推し測る上で欠かすことのできない推理者の知性とその相手の知性の間の完璧な一致を手に入れる秘訣は「自分の顔の表情を出来るだけぴったりと相手の表情に似せるんです。そういうふうにして待ちながら、自分の心のなかに、表情にふさわしいどんな考え、どんな気持ちが湧いてくるかをみる」〈註28〉ことであると言っている。ラカンは、この方法を、勝負のそのたびごとに相手と想像的な同一化をすることであるとして、ラカンの言う想像界なるものが双数的な関係において展開されるものを指していることを明白にしている。なぜなら、もし「私」が「あなた」とまったく同じものであるなら、この両者は対称的な関係にあるので、どちらがどちらであるのかを決定できないからだ。そして、この方法は、同一化が相手にではなく、想像的な同一化が表現している推論に対して行なわれるときに現われて来るような象徴的な過程を排除してしまうのだと述べて、「この事実は、このような純粋に想像的な同一化が全体のなかでは失敗することを証明している」〈註29〉と言う。つまり、鏡像段階とは、双数的な母子関係から象徴界の三者関係（triade）への移行の段階なのである。「私」であることが奇数的（一人称）なら、「あなた」であることは偶数的（二人称）なのだ。しかし、偶数的ということは、純粋に双数的な関係の中では決定され得ない。どちらが基軸となるのか、どちらが主人なのかを決めることができないから。それゆえ、想像的な関係の中では、「つまり他者へと投射され、疎外された形でだけ存在している」〈註30〉のである。そこで、言葉という象徴交換を担う第三者が登場する必要がある。ラカンはこんな風に言っている。
「子供は、『おまえ』という言葉で言われた文章を、『わたし』という言葉でひっくり返さずにそのまま繰り返しますね。重要なのは言語活動の理解におけるこの足踏みなのです。この事実を無視して先に行く訳にはいきません。この事実が示していることは、『わたし』は何よりもまず言語活動という経験の中で、『おまえ』への準拠の中で構成されるということです」（ラカン「鏡像段階論」〈註31〉）
「自我」は「他者」への準拠によって成立する。この準拠を可能にしているのは、言葉なのである。「おまえ」は一者から他者への非対称で矢印状の呼び掛けである。それに対して、「わたし」は対称的に自己へと戻って来る自己同一性の符号――ただし、その自己同一性は他者へと差し向けられている。と言うのも、もし、その自己同一性は、他者へと差し向けられないなら、語られる必要がないのだから——だが、その同一性が可能になるのは「おまえ」を媒介として（その非対称性の中において）のことなのだ。これは、肯定が否定を媒介とすることとパラレルな現象である。そして、「足踏み」は内と外との非対称性を区別する契機になるという意味でいわゆるフロイトの「否定（否認）」と似た位置を占めている。

「つまり、抑圧されている表象ないし思考内容は、それが否定されるという条件のもとで意識の世界の中に入り込んでくることができるわけである。否定は抑圧されているものを認知する一つの方法であって、本来すでに抑圧の解除を意味しているが、とはいうものの、それはむろん、抑圧されているものの承認ではない」（フロイト『否定』〔傍線は筆者〕〈註32〉）

ある内容に対する肯定は、奇数回であれ、偶数回であれ、肯定であることに変わりがない。つまり、肯定はその内容に対して対称的に働く。しかし、否定は、奇数回の場合には否定だが、偶数回の場合には肯定になるという非対称性を持っている。ということは、肯定が偶数的であるのに対して、否定は奇数的であるのであって、この奇数的な非対称性が欲望の取り入れ（introjection）を可能にするのだ。そして、象徴的な「不在」が否定に対応し、「現存」が肯定に対応する役割を果たすというわけなのだ〈註33〉。『快感原則の彼岸』でフロイトが取り上げた、生後一歳六か月の孫が、ものを遠くへ放り投げては「オーオーオーオ」という音を発するという、「いないいない」遊びから始めたというのは多分偶然ではないだろう〈註34〉。ラカンによれば、この「在(da)」と「不在(fort)」という対と戯れる場合においてのような幼児の言葉遊びは、ギュメ(二重括弧)が単位になっているという〈註35〉。これは人間の心的構造は、二重括弧を単位とする複合(complexe)——これはエディプス複合の「複合」でもあるわけだが——として成立せざるを得ず、決して単純(simple)にはなり得ないということなのだ。そこにおいて、欲望は二重化(redoublement)の運動の中で働く〈註36〉。

「彼(ヘーゲルのこと、筆者)がわれわれに言っているように、人間の欲望そのものは媒介の記号のもとに構成されていますし、それは自分の欲望を認めさせたいという欲望です。それは対象として或る欲望、つまり他人のそれを持っており、それというのも人間はなんらの媒介もなしに自分の欲望にたいして構成される対象を持たないという意味でですが、このことは人間のもっとも原始的な欲求においても、たとえばその食餌さえも準備されなければならないという点に、あらわれていますし、——また労働の弁証法全体による主人と奴隷の葛藤このかた人間の満足の発展すべてのなかで見出されます」（ラカン『エクリⅠ』所収の「心的因果性について」〈註37〉）

この二重化の運動を通じて、主体と欲望は母から子へと自己疎外の運動を通じて譲渡されるのである。そして、このことが幼児の性理論に於ける想像的な母（女）のファルスの象徴的な意味なのだ。しかし、それが、つまり譲渡がうまく行くには、父の名の位階の介入によって母子関係が断ち切られる必要がある（去勢の法）。そこで、母を去勢するものとして父が登場しなければならないのである。幼児は孤独の内に、言い換えれば、原初的対象（＝母）の不在の内に「父の名」とラカンの呼ぶ言語による象徴的な対を反復するという行為（遊戯）によって不可能性としての現実的なもの、原初的対象としての母を殺害し、自らの欲望を他者のそれとして定位するのである（ラカンは、取り入れの起こる時は、「外にあったものが内側のものに、父であったものが超自我になる」ということが起こる時であり、この逆転が起こるのはエスと自我の間でのことだ、と言っている〈註38〉）。そして、ラカンは、フロイトがエス（es）で表記したものを、能動的な純粋主体の記号としてソシュールのシニフィアン（signifiant）の頭文字を用いて、大文字のエス（S）で表記している。そして、「父の名」とファルスは純粋シニフィアンとされる。その両者の相違は、「父の名」が、言わばバタイユのエロティシズム論における連続的なものに相当する原初的対象としての母の彼方から、欲望するように呼び掛けて来るものとしての父性そのものであるとすれば、主体（sujet）を構成するファルスは非連続的なものとして去勢されたものとして、主体を担うシニフィアンになる〈註39〉。去勢が父の不在などで普通にことが運ばない場合には、母性愛に身を捧げるあまりレオナルド・ダ・ヴィンチのような同性愛者になったりすることもある。そして、ダ・ヴィンチは、自分のためだけの覚書として書いた日記を右から左へと、つまり鏡に映した時に正しい順序で読み取ることができるように記して、自分のことを一人称の「私」ではなく、「お前」という二人称で呼ぶのである。〈註40〉。

モーマスの虚しい胸像に込められたものとは、追放されて不在だったあのイタリア喜劇の一座ではないだろうか？　エラスムスによれば、神々の行動の愚かしさ（＝痴愚）を白日の下に曝《さら》すこの嘲笑の神は、神々によって地上へと突き落とされてしまったが、下界では王公の宮廷に迎え入れられることもないだろう、という〈註41〉。「イタリア芝居の恋」のアルルカンは、追放されたモーマスの姿なのではないだろうか？　そして、このモーマス同様に遠慮なく宮廷を揶《から》揄《か》った嘲笑的なイタリア喜劇の一座も、フランスから追放されてしまって不在であったのだ。「フランス芝居の恋」に現存（da-sein）する痴愚神は、不在（fort）のモーマスとカップルを作っているのだ。この世の喜び、陶酔はそれだけでは充分ではない、それもまた凌《りょう》駕《が》されてしまう愚かしさの場所をその中に持っているのだ（ラカンは、フロイトの［fort-da］という反復強迫の対を、ハイデッガーの現存在とその終わりとしての死の存在という対に関連する象徴として捉えている）〈註42〉。そして、次のような祝祭空間の「奪い取り」は、この「不在」と「現存」の象徴的なカップルの反復的な登場を通じた、ある種の「取り入れ」ではなかっただろうか？（このモーマス＝アルルカンの不在という問題は、「イタリア芝居の恋」を扱った第2部の方で捉え直されているので、そちらも参照のこと）

「痴愚神、カーニヴァル、イタリアの都市の間の関係は偶然のものではない。早い時期から、オペラ・バレエの中で、ヴェニスのイメージはルイ十四世の統治期間末期の悲しいパリに対する陽気で生き生きとした反対物として描かれている。そして、摂政時代が進むに連れて、「パリの夜がヴェニスの夜から奪い取ることになる舞踏会と痴愚神の仮面」を身に付けるのである」（ロベール・トムランソン「雅なる（そして／あるいは）縁日の祝宴？

ヴァトーと演劇」〈註43〉

ルイ十四世が物故した一七一五年の翌年の一七一六年、十九年の空白期間を経たイタリア喜劇の一座がパリに帰還を果たすと共に、ヴァトーがその先鞭を付けたロココの時代である「摂政時代」が開幕する。

【註の部】

〈註1〉“Antoine Watteau（1684-1721）The Painter, His Age and His Legend”（Texts edited by François MOUREAU and Margaret MORGAN GRASSELLI ; CHAMPION-SLATKINE, Paris-Genève, 1987. 以下AWと略称），［André Blanc : Watteau et le théâtre français］, pp.199-200.

〈註2〉AW, ［André Blanc］, p.200.

〈註3〉クリスパンは、スカラムーシュ（キャプテン＝隊長タイプの異同形に起源を持つと思われるコメディア・デラルテのキャラクター。キャプテンは、十六世紀にイタリアを占領していたスペインの軍事司令官を諷刺して成立したキャラクターである）タイプの凄まじい大法螺《ほら》吹きのキャラクターのフランスでの異同形に相当するキャラクターであり、特徴として、自分の失敗に関して大目に見ることによって勝ち誇る、と言う。

〈註4〉AW, [André Blanc], p.201.

〈註5〉AW, [André Blanc], p.200.

〈註6〉AW, [Giovanni Macchia : Le mythe théâtral de Watteau], pp.189-190.

〈註7〉AW, [André Blanc], p.200.

〈註8〉AW, [Robert Tomlinson : Fête galante et/ou foraine? Watteau et le théâtre], p.210. この絵は散佚している。

〈註9〉AW, [Giovanni Macchia], p.187.

〈註10〉マイケル・グラント、ジョン・ヘイゼル共著『ギリシア・ローマ神話事典』(西田実、入江和生、木宮直仁、中道子、丹羽隆子共訳、大修館書店、一九八八年、二七一ページ)、シレノスの項。

この「シレノス」の項は、ソフォクレスの『コロノスのオイディプス』と何らかの影響関係の下にあるものと思われる。ハンナ・アレントは、『革命について』の末尾で『コロノスのオイディプス』のその箇所を引用している。

〈註11〉ルドルフ・ベルヌーリ『錬金術とタロット』（種村季弘訳、一九九二年、河出書房新社。第Ⅰ章　錬金術の基本要素。比喩、一〇〜一一ページ）あるいは、澤井繁男『錬金術——宇宙論的生の哲学』（講談社、一九九二年。七八ページ）に依れば、カラスは黒と腐敗を、不死鳥は赤を、白鳥は白さと昇華とを象徴するという。ただし、はっきりと言えるのは、これらの三つの色と色の欠如とは、一義的に捉えることはできないということであろう。

〈註12〉AW,［André Blanc］, p.200.

〈註13〉AW,［Robert Tomlinson］, p.208.

〈註14〉AW,［Robert Tomlinson］, p.207.

〈註15〉エラスムスは、『痴愚神礼賛』の中で、愛の愉悦は痴愚に由来するものなのだと、痴愚女神に言わせている。

「そうだとしたら、男にとって女のいちばん良いところは、彼女たちの痴愚以外にないのではないでしょうか？　男たちが、女のために約束しないことがなにかあるでしょうか？　さて、それとひきかえに求めるものは？　快楽以外にはありません。ところが女たちは、痴愚の力によってこそ男たちを喜ばせてやれるのですよ。

これで、人生第一の、最大の愉悦がいかなるものか、またそれがどこから流れ出るかがおわかりになったわけですね」（エラスムス『痴愚神礼賛』【『世界の名著17　エラスムス／トマス・モア』、渡辺一夫／二宮敬訳、中央公論社、一九六九年】所収。七八〜七九ページ）

〈註16〉アルキビアデスは、ソクラテスについて、次のように語っている。

「さてぼくに言わせれば、この人は彫像屋の店頭に置かれているあのシレノス像にこのうえなく似ている。その像というのは、竪笛とか横笛をもった姿に彫刻家が細工したものであって、それを両方に開くと、内部に神々の像を蔵しているさまが現われるというものだ」（プラトン『饗宴』【『世界文学大系3　プラトン』、鈴木照雄訳、筑摩書房、一九七二年、一三六ページ】）。

〈註17〉エラスムス『痴愚神礼賛』、前掲書。九三ページ。

このエラスムスの考えは、次に示すような、東洋の宗教的シンボルで円を非対称に塗り分けた陰陽模様に込められた思想と相通ずるものがある。

「塗った方と塗っていない方とは、それぞれ陰と陽である。この陰と陽とは、人生の基本的二元性のすべてのシンボルである——善と悪、美と醜、真と偽、男と女、昼と夜、太陽と月、天と地、快楽と苦痛、偶と奇、左と右、正と負……いくらでもある。この二元性というのが中国ではじめていわれたのは、奇数と偶数についてであって、それが中国の古い魔法陣（3×3）のまわりにそれがかわるがわるに並んでいるところからきた。十世紀になってこの魔法陣は円の塗り分けに代り、それが陰陽のシンボルとして多く用いられるようになった。これを印刷するか書くかするときには、黒と白だが、色を塗るときには、陽は、白ではなく、赤にする。小さな目玉が二つあるが、これは二元性というけれども、その一方には他方のものが必ずちょっとは入っているということを表わすためのものであった。またいまでもそうである。どんな善い行いにも悪の核はあり、どんな悪い行ないにも善の核がある。どんな醜にも美が含まれ、どんな美にも醜が含まれている、等々である」【マルティン・ガードナー『自然界における左と右』坪井忠二、小島弘共訳、紀伊國屋書店、一九七一年、二九八〜二九九ページ】（ここで引用されているのは、この極性に関する古典的名著の旧版の方で、超弦理論などにも触れている新版の方ではない）。

エラスムスの考えと同じように、あるいは、『饗宴』のアルキビアデスのように、外面とは相反する核の存在が強調されている。また、ここでも、黒や白、そして赤という錬金術的な色彩が用いられるということも強調されてしかるべきだろう。また、二元的対立の対はピュタゴラス哲学を思わせるものがある。

〈註18〉AW, [Robert Tomlinson], p.207.
〈註19〉AW, [Robert Tomlinson], p.208.
〈註20〉Heinz Kindermann : Commedia dell' arte (The New Encyclopædia Britannica, in 30 Volumes, 1980, by Encyclopædia Britannica, Inc. [founded 1768 15th Edition]. William Benton, Publisher, 1943-1973. Helen Hemingway Benton, Publisher, 1973-1974. Chicago/London/Toronto/Geneva/Sydney/Tokyo/Manila/Seoul. Macropædia Volume 4.), p.984.
〈註21〉ジャック・ラカン「鏡像段階論」（小出浩之、鈴木國文、小川豊昭訳【岩波講座精神の科学『別巻　諸外国の研究状況と展望』岩波書店、一九八四年、東京】所収）一〇一ページ。
〈註22〉ラカン「鏡像段階論」、前掲書（特に、一〇八〜一〇九ページ）。
〈註23〉ジャック・ラカン『エクリⅠ』（宮本忠雄、竹内迪也、高橋徹、佐々木孝次訳、弘文堂、東京、一九七二年）九〇ページ。ラカンは、同時に、ヘーゲルの「主人と奴隷の弁証法」に於ける、自己の自立性を主張せんがために他者を殺害する自己意識（＝主人）が、まさにそのことによって自己（＝主人であること）を壊滅し、その非自立性を露わにするという逆説をも引いている。また、「鏡像段階論」（ゼミナール）の中でも、このことに関して、明確に次のように述べている。

「もともと、つまり言語活動以前には、欲望は鏡像段階という想像的関係の次元でだけ、つまり他者へと投射され疎外された形でだけ存在しているのです。欲望が引き起す緊張はこの時期には出口を持ちません。いいかえればこの緊張は、ヘーゲルがいうように、他者の破壊という以外の出口を持たないのです」（ラカン「鏡像段階論」、前掲書。一〇四ページ）。

〈註24〉マルティン・ガードナー、前掲書。三七〜三九ページ。

〈註25〉ラカン「鏡像段階論」、前掲書。ここで訳出されているラカンのゼミナールの抜粋の一章目（九〇〜一一一ページ）の原題は、「欲望のシーソー（la bascule de désir）」と題されている。

〈註26〉キラリティーとは、アキラリティー（achirality）と対の言葉で、対称操作を施された形態のうち、鏡に映した像（＝鏡像）にぴったり重ねあわせることのできないものについて言われる（この鏡像のことを、科学用語でエナンチオマーというらしい）。人間の全身は、外見上は左右の均衡が取れている――細かく見ると、心臓の位置など微妙な差異があるのだが――ので、アキラルだが、右手や右足といった対になった身体の片方を取り出すと、それは鏡に映った像に重ねられない。というのも、右手を映した像は左手の向きになって映っているからである。科学者である黒田玲子は、このことを、右も左も同じ形をしているので、どちらを右に履こうと左に履こうと差し支えのない靴下と、右と左に区別があって、右用を左足に履くことのできない靴とに譬えた上で次のように説明している。

「キラルなものはキラルなものと相互作用するときに、相手のエナンチオマーによって差を生じる。アキラルなものはキラルなものと相互作用しても、エナンチオマーによる差は生じない」（黒田玲子『生命世界の非対称性』中公新書1097、中央公論社、一九九二年、四九ページ）

要するに、靴下はアキラルなので、キラルな足の右左に左右されないが、靴はキラルなので、足のキラリティーに左右されるのである。結局、鏡像においては、一般に対称的なものと見なされているものが、このような根本的な非対称性（キラリティー）、つまり前後という方向の転倒において成立しているのである。

〈註27〉ラカン『エクリⅠ』、前掲書。七〇ページ。

〈註28〉エドガー・アラン・ポー『盗まれた手紙』（丸谷才一訳、『ポオ小説全集4』創元推理文庫五二二4、東京創元社、一九七四年）二五一～二五二ページ。

〈註29〉ラカン『エクリI』、前掲書。七一ページ。

〈註30〉ラカン、「鏡像段階論」、前掲書。一〇四ページ。（↓註23参照）

〈註31〉ラカン、「鏡像段階論」、前掲書。九七ページ。

〈註32〉ジクムント・フロイト『否定』（高橋義孝訳、【『フロイト著作集3』、人文書院、一九六九年】所収）三五八～三五九ページ。

〈註33〉フィリップ・ラクー＝ラバルトは、『政治という虚構』において「模倣」の問題を扱った時に、「主体というものが模倣の過程に先行して存在し得ない――つまり、「主体」は「模倣」の過程に対してア・プリオリに存在してしまっているような安定した存在者なのではない――ということを、プラトン的でない模倣との関連で提起した。その際にラクー＝ラバルトは、デリダの「欠在（la désistance）」を参照しているのだが、主体の虚構を可能にしているこの「欠在」の機能〔＝代補（supplément）〕というものも、ラカンが「足踏み」と称したフロイトの否定のそれに似ている。

「『主体』は欠在する。それゆえ、主体は根源的に虚構可能であり、それに先立つあるモデルの代補によってしか自分自身に――いつか自分自身に接近できるとして――接近できない。このプロセスの弁証法的記述はつねに可能である。というのも、このプロセスは結局は根源的な媒介にもとづいているからである。だが、その弁証法的記述が可能なのは、欠在を、たとえ最初の契機だとしても、一契機として指定することに帰着する自己同一性の目的論を犠牲にしているからである。ところで極度に困難なのはおそらく欠在が抵抗するということ、言いかえれば逆説的に構成的だということである」（フィリップ・ラクー＝ラバルト『政治という虚構――ハイデガー、芸術そして政治』、浅利誠、大谷尚文訳、藤原書店、一九九二年、一六〇ページ）

この文章の中で、「主体は欠在する」、「欠在が抵抗する」、「欠在は逆説的に構成的である」という言葉で記述されているものは、正しくラカンの「欲望の取り入れ」の過程に対応するものと見なすことができよう。つまり、この「欠在」の抵抗こそが「足踏み」なのである。さらに言うなら、この主体の「欠在（dé-sistance）」なるものは、「欠在が抵抗する」の「抵抗（ré-sistance）」に呼応しているのはもちろんだが、この場合にはラカンの「父の名前」の「外立（ex-sistance）」に対応しているものと見なすこともできるだろう。

〈註34〉ジクムント・フロイト『快感原則の彼岸』（小此木啓吾訳、『フロイト著作集6』、

人文書院、一九七〇年所収）一五五～一五六ページ。

〈註35〉ラカン『エクリI』、前掲書。六七ページ。

〈註36〉必然的な二重化の結果として「この世界」が成立したという考え方は、新プラトン主義者のプロティノスにも、すでに、類似した考え方が見受けられるようなものである。人間関係の中に神話的なものが介入して来るものだとすれば、この類似性に何らかの脈絡が有り得ると考えてもおかしくはないだろう。

「それというのも、この模像が存在することは、思考と工夫の結果ではなくて、（自然的）必然的であったのである。なぜなら、英知的なものが最後のものであることは、できなかったのである。というのは、それの活動は二重であることを要したのである。一つは、それ自身の内部での、もう一つは、他者に対してのそれである。したがって、それの後に何かが存在しなければならなかったわけである。それというのも、すべてのもののうちで最も無力なもの（すなわち素材）のみが、もはや自己の下方に何も有しないのである。他方かの世界には驚嘆すべき力が走行しており、その結果（この世界を）産出しもしたのである」

ラカンが「現実的なもの」と呼ぶものとは、この失われた「かの世界」の喪失の時間としての運命（テュケー）のことであろう。『ラカンと哲学』という本の中で、ラカンの精神分析と哲学との関連を追及したアラン・ジュランヴィルは、こう言い表わしている。「〈現実的なもの〉とは欲望させるものではなく、何よりもまず、欲望されたものがそこに出現しないかぎりでの時間である。〈現実的なもの〉とはつねに、失敗した出会いの時間〔運命（テュケー）〕なのである。……中略……〈現実的なもの〉とは純粋な時間の苦痛であり、現出にして消失であり、現出するものでも消失するものでもない」（アラン・ジュランヴィル『ラカンと哲学』高橋哲哉、内海健、関直彦、三上真司共訳、産業図書、一九九一年、七七〜七八ページ。傍線は、原文では、傍点になっている）

ここでの出会い損なう、欠けてしまうものとは、母体そのものというよりは、母体の有り様、つまり母子一体の連続性によって示される何ものかである。というのは、原初的対象（＝母）とはあらかじめ不可能なもの（Chose）であって、「真実には出会いの中で失われたものではない」（アラン・ジュランヴィル、同書。七七ページ）からである。この何ものかが、「欲望の絶対的対象と見なさざるをえない」（同書。一五八ページ）ものであり、「主体に去勢と法とを招き入れ、主体を主体として到来させる」（同書。一五九ページ）ものだからである。この不可能なものを求める場合のリビドは、ユングが、キュベレーとアッティスの神話におけるアッティスの去勢に関連付けながら、「男性器はまた子のリビドの具象化である。松の木を伐り倒すことないし去勢は、不可能であり無目的でもあるものを求めるこのリビドを犠牲にすることを意味する」（C・G・ユング『変容の象徴　下』野村美紀子訳、筑摩書房〔ちくま文庫〕一九九二年、二六三ページ）と述べている幼児性欲のリビドと同じものである。つまり、現実的なものとは、ファロスの求めるものとの関係の喪失なのであり、この喪失がラカンの言う去勢なのであり、そして「ファルスは去勢によって、シニフィアンとして生起する」（アラン・ジュランヴィル、前掲書。一八三ページ）のである。

このシニフィアンについては、註39も参照のこと。

〈註37〉ラカン『エクリⅠ』、前掲書。二四四ページ。

〈註38〉ラカン、「鏡像段階論」、前掲書。一〇一ページ。

〈註39〉アラン・ジュランヴィル『ラカンと哲学』前掲書第23節の「シニフィエの出現、主体と他者、ラカンとハイデッガー」（一二一〜一二八ページ）、及び、第58節「生殖能力とファルス」（三六五〜三七二ページ）。

このような、ラカンによってソシュールの言語学的なシニフィアンに加えられた大胆な再解釈は、次のような考え方に、その起源を持っているだろう。

「知られている通り、原初的な伝統において行なわれているような秘密の名の用法では、主体は、その人物、あるいは彼の神と同一化しており、それを露わにすることはその神を裏切ることであり、己れを失うことなのである。われわれが知るところでは、子供が、この用法の効果を自然に見出している場合が少なくない」（ラカン「精神分析における言葉と言語活動の機能と領野」、前掲書『エクリI』所収。四〇八ページ）

ラカンが再三言っていることだが、ソシュールから用語を借りて来る場合でも、ラカンは、その用語をなんら言語学的な脈絡で用いることを意図してはいないのである。

〈註40〉フロイト「レオナルド・ダ・ヴィンチの幼年期のある思い出」（高橋義孝訳【『フロイト著作集3』、前掲書】所収）一二〇ページ。

〈註41〉「モモスが、昔かなりひんぱんにやったように、神々にその行ないの真実の姿をわからせてやってくれたらばと思います。しかし、神々は怒って、アテといっしょにモモスを地上へ突き落としてしまったのでしたね。それというのも、モモスの訓戒が神々の福楽のじゃまになっていたからなのでした。そして、追放されたモモスは、この下界ではだれにも引き取ってもらえません。とくに王公の宮廷人などに迎え入れられるはずはありますまいよ。宮廷で勢力のある私の侍女の『追従（コラキア）』とモモスの仲は、狼と仔羊との仲ですからね」（エラスムス『痴愚神礼賛』前掲書。七四～七五ページ）。

〈註42〉ラカン「精神分析における言葉と言語活動の機能と領野」（【『エクリⅠ』、前掲書】所収）四三四ページ。

〈註43〉AW.［Robert Tomlinson］, p.207.ただし、鍵括弧の中身は、トムランソンに依るゴンクール兄弟の著作（La femme au XⅧe siècles）からの引用である。

2. イタリア芝居の恋（"L'amour au théâtre italien"）

この作品について、ジョヴァンニ・マッキアは、一七一六年にフランスへの帰還を果たしたイタリア喜劇の一座であるルイジ・リッコボーニの劇団がパリで上演した最初の劇だった「思い掛けない幸運」（L'Heureuse surprise ou Inganno fortunato）の大団円のシーンを描いたものであるという説があることを伝えている〈註1〉。しかし、その説の是非を問うだけの資料も手元にはないので、ここではまったく違った視点からこの作品にアプローチすることになるだろう。

この作品には、ヴァトーの作品にもっとも頻繁に登場する三人の道化が描かれている。すなわち、ピエロ、メズタンそしてアルルカンである。右側のメズタンは、右手で持った松明を高々と掲げ、その左にいるアルルカンはその松明の光に驚いたかのように、大袈裟な身振りをしている。ピエロは、このアルルカンを間に挟んで、メズタンとは反対の左側に位置して、ギターを抱えている。この三人の道化は三位一体を成しているかのようである。そして、ギリシア神話の三人の運命の女神、モイライに対比させるなら、ピエロが創造を担当する運命の糸を紡ぐ者クロトーに、メズタンが糸を測る者ラケシスの維持に、アルルカンが糸を切る者アトロポスの破壊に対応する、といったところであろうか？〈註2〉。メズタンとアルルカンの間には矮人《わいじん》がいる。

そして、この三人の道化の左側には、コメディア・デラルテのお決まりの登場人物である年上と年下の女召し使い、コロンビーナとペドロリーナがいる。これらは二つのタイプの下男（zanni）に対応するもので、しばしば、年上の世慣れたコロンビーナがアルルカンのプロトタイプのアルレッキーノの愛人として、それに対して、朴訥《ぼくとつ》で初心《うぶ》な乙女である年下のペドロリーナは、フランスのピエロの原型であるペドロリーノとカップルとして登場したという〈註3〉。コロンビーナは手にドミノ・マスクを持って、黒い衣装を纏って仮面を被った左側の男の方を見ているのに対し、年下のペドロリーナは杖を突いて、帽子から長い白髪の覗いている右側の男の方を見ている。この召し使いたちが見ている二人の男たちは、お互いに絵の真ん中の方へ進もうとしているかのように向かい合っている。

これらの男たちのうち、左側から来るのは、ランタンを提げた下男のブリゲラ〈註4〉を連れた年老いたインテリのドクター（博士）であり、それに対して、右側の杖を突いた男は身体障害者――この場合は、足が悪く、また背中を丸めているところからして傴僂《せむし》でもあるのかもしれない――として表現され、またパンチ人形の原型になったプルチネッラであろう。プルチネッラの向こうには、フランスのクリスパンに相当するキャラクターで、やはり黒い衣装を纏ったスカラムーシュが、位置的にも、「フランス芝居の恋」のクリスパンと同じ右端に位置して、顔を覗かせているのだが、その右手はプルチネッラの背中にかざされている。プルチネッラの足下には犬がいる。また、ドクターとブリゲラの間の暗闇には、二人の人物がいるのだが、何のキャラクターであるかの同定は難しい。

これらのキャラクターのうち、プルチネッラに関しては、コメディア・デラルテの展開においてもっとも重要な中心点だった、ヴェニスの即興劇の四つのメイン・キャラクターの一つであったというパンタローネの性格が付与されていると言っていいだろう。何故なら、ドットーレ（ドクター）もパンタローネも周囲のみんなから欺《あざむ》かれる老人として表現されるのだが、その二つが同じ劇の中に登場する場合、どちらか一方に息子が、そして他方には娘がいるというパターンが典型としてあって、子供たちが恋に落ちると、その父親たちは啀《いが》み合いをすることになっているのだという。そして、時には、父親と息子が、その同じ娘に言い寄る場合もあるという。それに対して、召し使いたちは、恋人たちを妬《ねた》んで恋の邪魔をする老人たちを騙《だま》したり、罠《わな》を仕掛けたりして、若い恋人たちを援助してやるのだという〈註5〉。プルチネッラも、パンタローネと同じく、結婚して家庭を持った男として登場し、家庭の中でも底意地の悪い極端に嫉妬深い性格の持ち主とされ、パンタローネがヴェニスの商人であったのと同じように、しばしば商人として想定されることがあるという〈註6〉。したがって、この場面でのドクターとプルチネッラは、おそらく、憎悪の気持ちを抱いて向き合っているということが想像されてよいだろう。

つまり、「イタリア芝居の恋」を「フランス芝居の恋」と対比した場合に顕著なのは、「フランス芝居」が、白昼のさ中にバッカスやキューピッドのように美酒に陶酔する神々や、愛に恵まれている若者たちや、まさに愛の気持ちに心が揺さぶられている寡婦が中心にいるのに対して、「イタリア芝居」の方では、月の出ている夜にメズタンやブリゲラといったマイナーキャラクターの召し使いたちが、灯《あか》りを点《とも》して覚醒していることであり、愛に恵まれぬ年老いたドクターやプルチネッラが、愛に付き纏うものである憎しみを抱いて向き合っているという、言わば愛の「否定的な」とも言うべき面が強調されているのを見逃すことができない。すると、ここで描かれているのは、愛の不在、あるいは、その相補的な面であるとも言うべき憎しみが描かれていると言うべきなのだろうか？ それで事態は言い尽くされているのだろうか？ しかし、もし実際にそうであるのなら、相異なる愛の対比と言うよりは、むしろ、愛と憎しみの対比と呼んだ方が相応しいだろう。

そもそも、コメディア・デラルテとは、若い恋人たち（amorosi）の運不運と、その恋の邪魔をする利己的で頑固な年長者たちとを扱うものであり、また、召し使いたちが恋人たちのために、トリックやごまかしをすることによって、その障害を取り除き、恋の成就のために手を貸してやるというものであるという〈註7〉。フランスにおけるコメディア・デラルテの一座は、一六五三年から、例のマダム・ド・マントノンを諷刺した一件でパリから追放される一六九七年に至るまで活動していた（ヴァトーには、「一六九七年のイタリア喜劇の役者たちの出発（Le Départ des comédiens italiens en 1697）」というタイトルの絵がある）〈註8〉。特に、一六六〇年から一六八〇年までの期間は、あのモリエールの一座と同じ劇場の舞台に上がり、フランスの演劇界に大きな波紋を投げ掛け、一六八〇年には、その影響の下にモリエールの一座を前身として「コメディー・フランセーズ(Comédie-Française)」が設立される〈註9〉。してみると、フランス芝居の「即興劇」というジャンルも、コメディア・デラルテの影響下に成立したのであってみれば、その滑稽なプロットに少なからぬ共通性があるのは当然だろう。しかし、「フランス芝居の恋」と「イタリア芝居の恋」の登場人物を比べてみると、「フランス芝居の恋」で前面に押し出されて描かれているのは、全て恋を成就する者という主役か、その恋を助ける神々のような天の支配者であり、娘の恋の邪魔をする父親はどこにいるのか判別するのが難しい。一方、「イタリア芝居の恋」の方で描かれているのは、恋を成就できない、つまり、愛の世界から排除されているドクターやプルチネッラのような役か、あるいは、ピエロ、アルルカン、メズタンのような、いわゆるザンニ(zanni)と呼ばれる召し使い、舞台の上でさえ自らを演じる者、その俳優としての役割の性格に奉仕する者としてしか表現しないような人物なのである。すなわち、ジョヴァンニ・マッキアが次のように述べているように。

「悲劇役者は、舞台の上で、アレクサンダー大王や、カエサルや、マシニッサやネロになろうとする野望を抱く一人の某《なにがし》かの男である。測り得ないほどの断絶は、雄弁なフィクションによって埋められる。コメディア・デラルテの役者たちは、舞台の上で、演技者としての自分自身を表現するだけである、メズタンやアルルカンのように」（ジョヴァンニ・マッキア「ヴァトーの劇場の神話」）〈註10〉

ヴァトーは、「フランスの喜劇役者たち」と「イタリアの喜劇役者たち」という対の作品を描いた時に、すでにこの差異を深く感じていただろう。悲劇役者もすでに滑稽なのだが、そのことに気付いていない、かのようなものに過ぎないのだ、ということを。

ここで、E・T・A・ホフマンの『ブランビラ王女』〈註11〉に登場するドイツ人画家、フランツ・ラインホルト――ホフマン自身、この小説の舞台として設定されているイタリアのローマには行ったことのないドイツ人なのだが――の、謝肉祭の日に乱痴気騒ぎの主な舞台となるローマのコルソ通りをうろつく道化たちに対する辛辣な批評の言葉を借りるとしよう。このドイツ人は、イタリア人の大道香具師にして山師のチェリオナティに向かって、「われわれドイツ人がどんな冗談からも、それが冗談そのものとはもう一つ別のものを意味していることを要求する」とイタリア人のあなたが言うのは一応もっともだが、「……中略……われわれドイツ人がイロニーを寓意としてしか評価していない愚を犯している」と思っているのなら、それは間違いであるとわざわざ前置きした上で次のように言う。

「――あの突拍子もない恰好をしたのがおぞましいひょっとこ面で民衆を無理にも笑わせているのを見ていると、あの男には目に見えないある原像が語り掛けているのにその言葉が分らないので、無意識のうちに当の物言う原像の身ぶりの猿真似をしているのじゃないかという気がしてくるのです」（ホフマン『ブランビラ王女』）〈註12〉

さらに、チェリオナティが、それではブリゲラやパンタローネ（パンタロンはフランス語）のような舞台上の仮面人物たちについてはどう思うのかと尋ねると、ラインホルトはこんな風に答える。

「ああいう仮面役たちは、滑稽きわまる嘲弄や、正確に的を射たイロニーや、このうえなく自由な、というよりはこのうえなく破廉恥な、と言いたいほどの上機嫌のどっさり隠されている宝庫だと思いますよ。そうはいっても私の考えでは、あれが要求しているのは、人間の天性そのものよりはむしろ人間の天性のなかのさまざまの外面的現象であり、より簡潔かつ正確に言えば、人間そのものよりは人間たちなのですね」（傍線は、原文では傍点になっている＝筆者）〈註13〉

要するに、仮面的人物は人物そのものと言うよりはむしろ、その特徴を外面的に把握して誇張して真似た（mine ←ミメーシス）だけの張りぼてのようなものだと言っている。そして、その痛烈な批評は少なくとも一面的には当たっている、その仮面的人物は張りぼてのようなものに他ならないのだ。それは充実した実質を欠いていて、この世界には存在の基盤を持たないかのようだ。しかし、それらの人物はベンヤミンの言う寓意の存在論的事態〈註14〉に身を晒すことによって、別の次元へと通ずる隠された扉の鍵を自分のものとしているのである。

このことは、例えばプルチネッラのようなキャラクターについても言えるだろう。プルチネッラは、後に人形芝居の「パンチとジュディ」のパンチになる。このパンチは、地獄から来た悪魔をぶちのめし、死刑執行人を逆に死刑に処してしまうような、非人間的なまでに極端な暴力をふるう人格を与えられている。ところが、イタリア芝居でのプルチネッラは、むしろ周囲の人間から揶《から》揄《か》われ、馬鹿にされるような役回りを与えられており、山口昌男は、「あらゆる『持衰《じさい》』的穢れの引き受け手であった」〈註15〉と書いている。持衰とは、『魏誌倭人伝』に出てくる古代の慣習なのだが、一種の計画的なスケープ・ゴートとして航海に同行して、その期間に起こる物理的・精神的な汚れを他の乗組員に代わって引き受ける者のことであるらしい。その間に起きた災難は彼のせいとされ、うまく行かなかった場合には殺されることもあるが、うまく行った時には、多くの褒賞が与えられるという〈註16〉。どうして、そんなスケープ・ゴート的な役割の人物が、無軌道かつ背徳的な暴力の行使者になったのか？

それは、プルチネッラが、パンチ人形としては、ゾンビのような、生きている死骸だからである。頭をぶつけ合い、手にした棍棒で相手をガンガン殴り合うという非人間的で冷酷な身振りが人形にとって可能なのは、いくら暴力を行使したところでもはや死ぬことのない死骸だからなのだ。ベンヤミンは、ドイツのバロック劇で屍体供覧が頻繁に用いられたことについて、「身体の寓意化は、屍体により初めて、徹底的に行なわれうる」〈註17〉からだとその動機を述べ、なおかつ、屍体が人形によって表現されていたことを引用している〈註18〉。さらに、ベンヤミンは、バロック劇の登場人物が死ぬのは、「不滅になるためではなく、屍体になるために彼らは滅びるのである。……中略……死の側から見れば、屍体の産出は生を意味する」〈註19〉のだとアイロニカルな口調で述べるのだが、まさしくそんな領域で勝ち誇るのがパンチなのであり、それを見る者に、「大人が愕然としているそばで、子供が笑っている」とベンヤミンの言うような効果〈註20〉を惹起する。ここで問題にしているのは、たとえ時期的にコメディア・デラルテがドイツ語圏に浸透した後の時期とバロック劇の時代とに重なり合うものがある〈註21〉――そして、それはヴァトーのほぼ百年後に活躍したホフマンの時代にまで反響しているのを認めることができる――にしても、コメディア・デラルテがドイツのバロック悲劇に似ているということではもちろんない。寓意の存在論的事態に晒されざるを得なかったキャラクターの変容が問題になっているのだ。人形は当初から生命を失っている存在であり、受動的に生命を吹き込まれるのを待っている。そして、人形を操作する者が激しく突き動かすほど、その人形は生気を帯びてくるが、それ自体は操作する者にとって着脱可能な残骸でしかない。死骸は、要するに、主体（sujet）と客体（objet）とが成立する際に排除されるアブジェクト（abject）を吸収して勝ち誇るのである〈註22〉。それは、例えば、山口が流し雛を例に取って「精神的にか、物理的にか共同体の災厄を引き受けるという面」〈註23〉と述べているように、人形の伝統的な機能は、一種の呪術によって生と死の境界を侵すものを祓《はら》うことへの貢献であるわけだが、その浄《きよ》めとしての儀式の中で、人形は死骸の先取りとして扱われているのである。生きているものとしては取るに足らないような貧弱極まりない存在にしても、それが死骸となった時には恐怖の対象となり代わるのだ。「わたし」たちは犠《いけ》牲山羊《にえやぎ》を虐待し、それを死に至らしめるのだが、その死骸は「わたし」に吐き気を催させ、恐怖を掻き立てるのに充分なのである。

　この死骸は、適切な場所に埋葬されることによって、母に捧げられたものとなる。コメディア・デラルテは当初街角で上演され、身振りの技能を見せものにする即興芝居だった〈註24〉が、街角はユングの言う道と道の交わる場所（三叉路、二叉路、十字路）として、ヘカテーのような母に捧げられたものであり〈註25〉、その意味で打って付けの場所だったと言えるだろう。分割、分離、分裂、身体から汚物を切り離すことは、その自律した非連続的な存在として存在しなければならないという宿命のために死ぬまで続く〈註26〉。そして、身体から汚れを切り離すことを能動的に行なうことは、出産の際に被る、母の身体から切り離されることを、不可能な原初的対象としての母の喪失を耐えるためには不可欠なことなのだ。

「母は不可能なものである。これこそ真の去勢である」（アラン・ジュランヴィル『ラカンと哲学』（傍線は原文では傍点になっている＝筆者）〈註27〉

　そして、

「ファルスは去勢によって、シニフィアンとして生起する」（アラン・ジュランヴィル、同書）〈註28〉

さらに、母の喪失としての去勢と1．の「フランス芝居の恋」の方で触れたアブジェクションの関係については、

「アブジェクトとは常にすでに失われた《対象》の喪より生じる暴力である」（ジュリア・クリステヴァ『恐怖の権力』）〈註29〉

それは棄却（アブジェクション）の対象なのだ。アブジェクションは、人間の心的構造を成立させるべきナルシシズムの前提条件〈註30〉にして、ナルシシズムの危機〈註31〉である。それを、アブジェクト（おぞましいもの）を、「事物として私が認めない《何かあるもの》」〈註32〉を棄却することによってナルシシズムは成立する。しかし、棄却されるものは自我と対象の境界線（ボーダーライン）に反撃を加えもする。つまり、意地悪で極端に嫉妬深い家庭人としてイタリア喜劇に登場したプルチネッラ＝パンチ〈註33〉は、アブジェクトの存在が託されている者として投げ出され（jeté）、クリステヴァが「アナーキーな体制破壊者であるが、哄笑を知らぬことはない」〈註34〉と称した「彷徨者」になってしまったのだ。

少なくとも、ここでようやく、「フランス芝居の恋」で天界から追放されたモーマスの

化身に相当するものと見なし得るアルルカンの意義について明白にすることが可能となっている。ヴァトーは、ピエロとメズタンとアルルカンという三人の道化に関して、嫉妬と恋愛の心理学を主題とする一連の作品を描いている。そのうち、油彩画としては、「二組の恋人たち（La partie carée）」——この作品は、数年前に上野の美術館で開催されたサンフランシスコ美術館展で、ヴァトーの作品としては唯一出品されていたものである——、「幸福なピエロ（Pierrot content）」があり、散逸した油彩画を元にして作製された版画として伝わっているものとしては、「嫉妬深い者たち（Les jaloux）」、「嫉妬深いアルルカン（Arlequin jaloux）」がある〈註35〉。これらのうち、「二組の恋人たち」には、二人の女と一緒にいるメズタンとアルルカンが描かれ、女のうちの向かって右側の女は、薄暗がりの中にぼぉっと浮かび上がる白い衣装を纏った後ろ姿を晒しているピエロの方を見やりながら、手に持ったドミノ・マスク（ルー"loup"）を差し出しているかのような身振りをしているのだが、そのマスクの形がハート形をしているので、まるで、彼女の心を差し出すことの比喩であるかのようである。このことは、「イタリア芝居の恋」のドミノ・マスクを持つ女が、視線を投げ掛けているドクターの方にはマスクを持つ左手を差し延べず、むしろ、右側で楽器を奏でるピエロの手元に保持しているのと対比をなしている。また、「幸福なピエロ」と「嫉妬深い者たち」は、やはり、二人の女と共にいるピエロとメズタンが描かれているのであるが、ピエロが二人の女に挟まれ、その三人の左にメズタンがいるという配置が共通で、ただ、「幸福なピエロ」の方では、その右にもう一人の男がおり、さらに右奥の暗闇の中には、おそらくは嫉妬に身を焦がしていると思われる者がいる。そして、興味深いことには、「嫉妬深い者たち」の方では、その右奥の暗闇にアルルカンともう一人のメズタンがいるのであって、このことは、メズタンが、愛に恵まれるかどうかということに関して、ピエロとアルルカンの中間の推移的な位置にあることを推測させる。また、もう一つ注意すべきなのは、あの「フランス芝居の恋」で、痴愚と切り離せない愛の象徴として描き込まれていたタンバリンとモーマスの笏杖の組み合わせがここでも、右側の女の足下に描かれていることである。そして最後に、「嫉妬深いアルルカン」では、一人の女と一緒に、ピエロと、被り物こそ違うにせよ、服はメズタンと同じ縞模様のものを纏った男がおり、ただアルルカンだけが、右奥の岩陰から、嫉妬の視線を前方の三人に向かって注いでいる。要するに、これらの作品から言えるのは、あの道化の三位一体の中で、特にアルルカンが、ピエロとメズタンに対して、愛に恵まれることのない恋の部外者として顕著な位置を占めているということなのである。

そこで、「イタリア芝居の恋」のアルルカンに注目してみれば、この他の作品においては嫉妬に悩まされていた恋の部外者の顔のメイキャップがちょうど、ドミノ・マスクを反転させたような白抜き状に施されており、その箇所がまるで、プシュケー（心）の象徴である蝶や蛾のような形をしていることに気が付く。そして、その目元の模様は、メズタンの持つ松明の炎に焦がされんばかりなのだ。そして、この松明は太陽と男性のシンボルであると共に、エロスの武器でもある〈註36〉。夜の昼への憧憬。つまり、ここにはオルフェウスｰピュタゴラス的なテーマであるはずの、エロスの炎に焼かれるプシュケーのシンボルが描かれているのであり、このことこそが、この絵を理解する上で見落とされてはならないものなのだ〈註37〉。ヴァトーが他人からの依頼によって手掛けた唯一の作品と言われる、美術品収集家のクロザの頼みに依って描かれた「四季」の連作中の「春」の中で、ヴァトーはおそらくは、キューピッドとプシュケーの二人と思われるカップルを描いている――ただし、いかにもヴァトーらしく、キューピッドの翼を、プシュケーの特徴とされているものと組み替えて、蛾の羽根として描いている――のだが、あの有名なエロースとプシュケーの挿話の入っている、アプレイウスの『変身譚（黄金のろば）』が、一六八八年にルイ十四世の王子の教育のためにパリで出版されているという〈註38〉ので、ヴァトーはその挿話のことを知っていたのだろう。そして、このアプレイウスの物語の中に登場するアフロディーテーとプシュケーについて、新プラトン主義者のプロティノスのように、宇宙の霊魂と個人の魂という差異において理解しようと試みるなら、アフロディーテーが、人々のプシュケーの美に捧げる敬意に対して嫉妬して怒るのがいささか滑稽なことに思えるにせよ、ヴァトーが「イタリア芝居の恋」で示そうとした愛とは一体どのようなものであるのかも理解可能なものになるだろう。つまり、単なる愛の不在が問題になっているのではなく、一見報われないもののように思われる愛こそが問題になっているのだ〈註39〉。

すなわち、見込みのない恋慕の情（でも、一体何に対する？）を持つということ、そのこと自体が、この世界に満足できずに、夜もすがら（夜とは、この世界に囚われている状態のことなのだが）、松明を灯して、それを高く掲げ、眠らずに目覚めているということなのだ。それこそが、魂を燃やし、焼き尽くし、肉体よりも浄らかなものと思われている蝶（＝魂）でさえ、ただ焼き尽くされ、燃え尽き、息絶えることに依ってしか、結局は、新たな力と清浄さとに満ちて甦り、再生する（一体どこで？）ことはできないと、暗示しているのだ。この世界の中で報われないということ、そのことは文字通り「取るに足らない」ことなのだ。それよりも大切なことが別にあるということを、そしてそのことへの覚醒へといざなう愛があり得ることを、この絵は暗示しているのだ。つまり、錬金術の過程で言えば、「投企（projectio）」の過程に相当するもののこと、愛の帰結としての透明な状態のことである〈註40〉。そして、錬金術の三つの過程は、三角形と菱形の組み合わさった三色つぎはぎ（パッチワーク）のアルルカンの衣装に体現されている。それは、パッチワーク（寄せ集めのごたまぜ）としての物質そのものなのだ。そして、その物質の魂の救済こそが問題になっているのだ。

そもそも、アルルカンというコメディア・デラルテのキャラクターをフランスに広めたのは、一つの劇の中で衣装を次々と変えて、千変万化に変容するアルルカンの演技――もちろん、この演技はポーの小説の相手の顔を真似るとその心が読めるという、いささか悪魔的な少年を想起させるものだが――で成功を博したジュゼッペ・ドメニコ・ビアンコレーリ（一六四〇～一六八八）というフランスに帰化したイタリア人だった〈註41〉。ところが、そもそものアルレッキーノの起源は、フランス中世の悪魔伝説に由来するエルカン（Hellequin）という道化の仮面を被った悪魔、悪魔的な性格を持ったパリの道化に由来しており、言うなれば、それの変容したものがイタリアから逆輸入される形でフランスでの人気を得たのだった〈註42〉。すると、ギリシア神話の冥界と魔術の女神ヘカテーの象徴である月の見える「イタリア芝居の恋」の光景が、いささかサバトめいたグロテスクなものに見えるのも偶然ではないだろう。ヘカテーは、運命の女神モイライよりも古い女神の三位一体（処女ヘベ、母親ヘラ、老婆ヘカテ）の女神たちの一つとされる〈註43〉。そして、まさにそれゆえに、先ほど触れた道化の三位一体のうちのアルルカンに対応するのに相応しいものと見なし得るのだろう。また、画面の右下にいる犬はヘカテーの動物であり、エジプトにおいては、レオナルド・ダ・ヴィンチにおける幼年期の禿鷹《はげたか》空想における禿鷹がそうであった〈註44〉ように、屍体をむさぼるジャッカルと結び付いた死と再生と不死とを司る母のシンボルだった〈註45〉。

アルルカンは、ゲーテの『ファウスト』における変幻自在なメフィストフェレスのようなものである。ミルチア・エリアーデは、新約聖書の使徒行伝にも登場する、グノーシス主義者の魔術師シモンと娼婦ヘレネのカップルの記憶がファウスト伝説を生んだのではないかという推測をしている〈註46〉のだが、その可能性は大いにあり得るし、グノーシス主義の脈絡で言えば、メフィストフェレスは誘惑する物質世界の創造者、悪魔的なデミウルゴスのアルコン（Archonte＝古代ギリシアの執政官に由来する命名）だろう（アルコンとアルルカンという名前の類似は何という偶然であろうか？）。しかし、この嘲笑的な物質は悲しみに満ちてもいる。というのは、霊魂の救済において犠牲となるのは物質だからである。このことについて、ヴァルター・ベンヤミンは、極めて的確にも、それ自身にとっては外側から与えられる意味を生きさせられる寓意的なものと関連付けながら次のように書いている。

「しかし、一切の寓意画的扮装を嘲笑《あざわら》うかのように、大地の胎内から、悪魔のむき出しの渋面が寓意家の眼の前に、意気揚々とその露骨な姿を現わすのである。悪魔のこのような、嘲笑的な、尖鋭な相貌は、古典古代のデーモンの元来はもっと広い顔面に、中世になって初めて腐刻されたものである。グノーシス派・マニ教の教義によると、物質は世界の『非冥府化』のために作りだされたのである。つまり、物質は、自分が滅びれば、そのときこの世界が浄化されるように、悪魔的なものを道連れにする役目を負うているのである。悪魔の中で物質は、自己の冥府的性格に思いをいたし、自己の寓意的な「意味」を嘲笑う。そして、何の祟りも受けずに物質の奥底を究めることができると思っている人間どもを嘲笑する。現世の悲しさが、寓意的解釈の領分に属するとすれば、地獄の陽気さは、物質の勝利のために挫折した悲しみの憧憬の領分である」（ヴァルター・ベンヤミン『ドイツ悲

劇の根源』）〈註47〉

この寓意家は、悪魔と取り引きするファウストのように見えてはこないだろうか？　そして物質は、寓意を担わされる単に否定的な、地上の冥府的なものを引き受けねばならないものであるに過ぎないのだろうか？

今や、肉体という蛹《さなぎ》から蝶（＝魂）が飛び立とうとしているのだろうか、またしても、肉体（＝物質）は救われることもなく後に取り残されて？「転落した自然は語るべき口をもっていないので、悲しみに暮れる」〈註48〉。そして、雄弁なアルルカンは、口を閉ざして悲しみにくれる物質のアイロニカルな権化となる。また、そうして取り残される物質に憑依する以外に、地獄的なまでに嘲笑的なモーマスはこの地上で取るべき方策を知らない。それは燃やし尽くされることによって救われることさえもないのだ。いや、ヴァトーにおいてはそうではない。それは正しく悲しみに満ちているがゆえに、同時に蝶であることもできるのだ〈註49〉。ちょうど、インド神話に登場する、猿と兎と狐という三匹の動物の中で、自分の身を捧げて火の中に飛び込むこと以外に乞食の姿を装った帝釈天を歓待する術《すべ》を知らなかった兎が、この神の手によって月へと上げられたように〈註50〉。ヴァトーが「イタリア芝居の恋」において描き出そうとしたものがあるとすれば、それは、屑籠《くずかご》の中に捨て去られたゴミどもの中から、突如として私たちの方へとその大きく見開かれた眼を差し向けて来る、汚物それ自体の絶望的な視線であるのかもしれない。そして、汚物に身を浸すことこそが覚醒へといざなうものでもあるというその逆説をも。そして、ヴァトーにおけるリベルティナージュ［＝放縦さ（libertinage）］の真意も本来はそこに見出されるべきものではないだろうか？

【註の部】

〈註1〉AW,［Giovanni Macchia］, p.190.（ただし、マッキア自身は、こうした特定の演劇の場面と結び付ける解釈自体がヴァトー的な絵画世界には相応しくないと考えている）。

〈註2〉トムランソンは、これらの三つの道化のうち、ピエロとアルルカンとを、前者を夢想家で受動的な犠牲者、後者を実際的で活動的な世渡り上手のイメージとして特徴付けながら対比して、それぞれが作者ヴァトーの性格の一面を表わしていることを認めつつ、ヴァトー自身の自己同一化のイメージはピエロの方が強いことがヴァトーの作品やデッサンから暗黙の内に読み取れるものとしている（AW,［Robert Tomlinson］, pp.206-207.）。

このことは、何よりも、自分は画家という創造者なのだというヴァトー自身の自覚と関わるものとしての自己像であろう。他方で、ケイリュスやジェルサンのような友人たちは、しばしばヴァトーの“libertinage”（放縦さ、自由思想）について書き記しているのだが、アルルカンは多分そのような、ヴァトーの自由に精神を開放しようとする、内に秘められた傾向と関係がある。そして、その点に於いても、アルルカンは「フランス芝居の恋」で述べたような「痴愚神」と結び付いていると言える。

メズタンについてもやはりトムランソンは簡単に触れているのだが、ほぼ二つの点を指摘している。すなわち、完全にそうとは言えないにしても、音楽と関わる役割を果たしていること及び「移行（transition）」の過程にある人物像を表わしているようだということである（Tomlinson, *ibid.*, p.209.）。これらの指摘は、三位一体におけるメズタンの位置を保証はしないにしても、拒みもしないだろう。

〈註3〉Heinz Kindermann : Commedia dell'Arte（The New Encyclopædia Britannica, in 30 Volumes, 1980, by Encyclopædia Britannica, Inc. [founded 1768 15th Edition]. Wiliam Benton, Publisher, 1943-1973. Helen Hemingway Benton, Publisher, 1973-1974. Chicago/London/Toronto/Geneva/Sydney/Tokyo/Manila/Seoul. Macropædia Volume

4.), p.981.
〈註4〉AW, [Robert Tomlinson], pp.210-211.
〈註5〉Heinz Kindermann : Commedia dell'Arte, *ibid.*, pp.981-982. また、E・T・A・ホフマンは、『ブランビラ王女』の第一章に、プルチネッラとパンタローネがごたまぜになったような恰好のキャラクターを登場させている。
〈註6〉Heinz Kindermann : Commedia dell'Arte, *ibid.*, p.981.
〈註7〉Heinz Kindermann : Commedia dell'Arte, *ibid.*, p.980.
〈註8〉AW, [Robert Tomlinson], pp.210-211.
〈註9〉Heinz Kindermann : Commedia dell'Arte, *ibid.*, p.984.
〈註10〉AW, [Giovanni Macchia], p.189.
〈註11〉このホフマンの作品は、訳者の種村の註によれば、ホフマンの時代にはすでに古臭いものとなっていたコメディア・デラルテを擁護して、十場構成の仮面劇を復活させた、カッロ・ゴッツィ（一七二〇～一八〇六）というイタリアの劇作家の喜劇から多くのモティーフや登場人物を借用しているらしい。（E・T・A・ホフマン『ブランビラ王女』種村季弘訳、筑摩書房〔ちくま文庫〕、一九八七年。二四四ページ）

〈註12〉Ｅ・Ｔ・Ａ・ホフマン、前掲書、八〇ページ。
〈註13〉Ｅ・Ｔ・Ａ・ホフマン、前掲書、八二〜八三ページ。

イタリアに行ったことのないドイツ人のホフマンにとって、「ドイツ／イタリア」の対は、ヴァトーの「フランス／イタリア」と似た意味合いを持っていると考えられる。そして、コメディア・デラルテの仮面役の人物のようなものは人間の「原像」や「天性」の猿真似ないしは現象に過ぎないという、この画家ラインホルトの主張に対して、チェリオナティはこの小説の末尾でバスティアネッロ・ディ・ピストーヤ侯爵――これはサン・ジェルマン伯爵を想起させる人物なのだが――としての姿を明らかにして、次のように反駁している。

「『誰かさんは』と侯爵は腰を下す前に言った、『といってこの誰かさんは、われわれにきっときびしい批評を下して、われわれの存在そのものをさえ否定してしまうかもしれないのだから、すこぶる警戒を要する人物なのだが、ひょっとするとその誰かさんはこんなことを言うかもしれない。私が別にこれといった動機もないのにこんな夜の夜中にここにやってきたのも彼のため、結局のところはブランビラ王女ともともと同一人物であるところのミュースティリス女王の魔法の呪縛を解く作業に、皆さんがどんな役割を果したかを彼に解説してやるためなのだ、とね。その誰かさんは間違っている。それというのも、皆さんに申し上げるが、私は皆さんの認識が危機の様相を帯びる時刻にはこれまでにもやってきたし、これからも参上して、……中略……皆さんとご一緒に晴やかな気持ちになりたいのだ』」（Ｅ・Ｔ・Ａ・ホフマン、前掲書、二四二ページ）

ここで、このイタリア人によって一つの転回がなされていることに気付かされずにはおかない。仮面的人物というものにこそ、真実が匿《かく》されているのであり、そうした仮面を取り去ってしまった所に人間の真実というものはないと言っているのである。この侯爵は、ヴァトーがラシーヌの悲劇の登場人物がどんな風に喜劇的であるかを描き出したように、第四章でキアーリ修道院長の作る悲劇を物笑いの種にしてみせ、「最高の悲劇は一種独特な諧謔《かいぎゃく》によって生み出されるのに違いない」（同書、一二一ページ）とのたまっているのだが、それはニーチェ的にもっともなことである。

〈註14〉寓意という現象の存在論的な事態について、ベンヤミンは次のように記述している。「対象が憂鬱の眼のもとで寓意的なものと化し、内部の生が排出されて、死物と化しながら、しかも永遠性を保証されたものとしてあとに残るときは、対象は寓意家にもう完全に生殺与奪の権を握られている。ということは、つまり、対象は一つの意味、一つの意義を自分から発散することは、もはや全くできないのである。それが、何か意味をもつとすれば、それは、寓意家の与えた意味である。寓意家は、その中に意味を投げ入れ、その深部にまで到達する。それは、一つの存在論的な事態であって、心理学的な事態ではない。寓意家の手にかかると、物は何か別の物に変じ、それによって、寓意家は何か別の物について語ることになる。それは彼にとってかくれた別の領域への鍵になる。そして、彼は、その物をこのかくれた領域の寓意画として尊重するのである」（ヴァルター・ベンヤミン『ドイツ悲劇の根源』川村二郎、三城満禧訳、法政大学出版局、東京、一九七五年。二二三ページ）。寓意家は、今現にそこにあるものを通じて「何か別の物」について語る。その際の寓意家と「かくれた別の領域」との関わり方が、現象がそこにおいてプラトン的な意味合いでの救出をなされるとベンヤミンの言う「理念」（この論文の序論である認識批判的序論を参照のこと）と関わる際の表現者——哲学者であれ、芸術家であれ——の比喩になっているのだ。コメディア・デラルテの非人間的なまでにステレオ・タイプ化されている登場人物は、人物というよりはキャラクター（性格）と言うのが相応しい。それは人物そのものというより、人物を通じて何か別のものを表現しようとしているかのようなのだ。

このベンヤミンのドイツ・バロック悲劇論では、五体満足でない人体というものが寓意との関連においてどのようにして意義深いものとされるかの理由も明らかにされている。「破片から真の、固定された、文字のような意味を読み取ることのできるように、有機的なるものは破壊されなければならないとする掟に対して、人体だけが例外をなすわけにはいかなかった」（同書、二六八ページ）

つまり、それは「寓意の精神に則って」（同書、二九四ページ）、肉体の廃墟として、断片として、不完全なものとして、あらかじめ意図されていたのだ。ヴァトーの数多い絵画の中でも、「イタリア芝居の恋」には、傴僂《せむし》のプルチネッラや矮人、左手の見当たらないドクターといったフリークス的な人物が例外的に多数登場しているのはどうしてなのかの理由も、この寓意との関連で理解されるべきだろう。


〈註15〉山口昌男『道化的世界』（筑摩書房〔ちくま文庫〕、一九八六年）一八六ページ。

〈註16〉山口昌男、前掲書、一八一ページ。

〈註17〉ベンヤミン、前掲書、二六九ページ。

〈註18〉ベンヤミン、同書、一四三ページ。

〈註19〉ベンヤミン、同書、二六九ページ。

〈註20〉ベンヤミン、同書、一四六ページ。

〈註21〉Heinz Kindermann : Commedia dell'Arte, *ibid.*, p.984. 及び、前出の『ドイツ悲劇の根源』の付録、「主要作品解題」に登場するバロック劇作家たちの活躍年代を想定すると、このことが言える。

〈註22〉ジュリア・クリステヴァ『恐怖の権力――〈アブジェクシオン〉試論』、枝川昌雄訳、法政大学出版局、一九八四年、三〜四ページ。

〈註23〉山口昌男、前掲書、一八二ページ。

〈註24〉Heinz Kindermann : Commedia dell'Arte, *ibid.*, p.979.

〈註25〉C・G・ユング『変容の象徴　下』、筑摩書房（ちくま学芸文庫）、一九九二年、一七五ページ。

〈註26〉例えば、クリステヴァは、「これに直面する者の同一性を瓦解させる」死体について、次のように記述している。

「いや、化粧もせず、仮面もつけない写実的な演劇のごとく、死体のような屑〔廃物〕は、生きるために絶えず私が身をもぎ放す事物を私に指し示しているのだ。死体の分泌液、汚《お》穢《わい》、糞便、これらは死のうちで生がほとんど耐えられないか、かろうじて耐えうるもので ある。……中略……これらの屑は、喪失につぐ喪失を重ねて何も私に残らなくなるまで、私の全身が境界を越えて堕ちてゆく（cadere）†1）、つまり死体となるまで、私が生きるために落下してゆく。汚物が、私の存在しない、かつまた私の存在を許容《ゆる》しもする、境界を越えた側のことならば、屑のなかでも吐き気を催させることが最も甚だしい死体は、およそありとあらゆるものに進入した一つの境界である。もはや私が追放する主体ではなくて、《私》が追放されるのだ」（クリステヴァ、前掲書、六ページ。傍線は原文では傍点になっている＝筆者）

〈†1〉ラテン語の「落下する」"cadere"に、フランス語の「死体」"cadavre"を掛けている。

この屍体の反撃こそは、プルチネッラに相応しいと言われて然るべきものだが、「仮面もつけない写実的な演劇」という比喩が相応しいものであるかはともかく、この「アブジェクト（おぞましいもの）」の汚れというものの持つ両義性は、ベンヤミンの視線を免れることもなかった。

「手足の喪失をまつまでもなく、また、老化していく身体の変容をまつまでもなく、排泄や身を清めるあらゆる過程において、屍体的なものが、一つずつ身体から剥落していくのである。そして、死物のように、生身から切り落とされる爪や毛髪が、屍体になるとまた

生え変わるのも偶然ではない」（ベンヤミン、前掲書、二六九〜二七〇ページ）

そして、当時の銅版画などによく見受けられたような、髑髏《どくろ》のごろごろと転がる荒涼とした大地によって示される無常そのものも、一つの寓意に他ならない、とベンヤミンは言うのだ。

「無常は、この荒涼によって意味され、寓意的に表現されているというよりは、むしろ一つの寓意として提示され、自らも何かを意味するのである。つまり、それは復活の寓意として提示されているのである」（ベンヤミン、前掲書、二八九ページ）

〈註27〉アラン・ジュランヴィル『ラカンと哲学』、前掲書、九九ページ。

〈註28〉アラン・ジュランヴィル、同書、一八三ページ。

〈註29〉ジュリア・クリステヴァ、前掲書、二三ページ。

〈註30〉ジュリア・クリステヴァ、同書、二〇ページ。

〈註31〉ジュリア・クリステヴァ、同書、二二ページ。

〈註32〉ジュリア・クリステヴァ、同書、四ページ。

〈註33〉Heinz Kindermann : Commedia dell'Arte, *ibid.*, p.981.

〈註34〉ジュリア・クリステヴァ、前掲書、一二〜一三ページ。（「何処に？」と問い掛け

る亡命者）
〈註35〉AW, [Pierre Rosenberg : Répétitions et répliques dans l'œuvres de Watteau], pp.105-106.
〈註36〉アト・ド・フリース『イメージ・シンボル事典』、荒このみ、上坪正徳、川口紘明、喜多尾道冬、栗山啓一、竹中昌宏、深沢俊、福士久夫、山下主一郎、湯原剛共訳。大修館書店、東京、一九八四年、六四六ページ。たいまつ（Torch）の項目。
〈註37〉アト・ド・フリース、前掲書、九四ページ。蝶（butterfly）の項目。あるいは、ジャン・ポール・クレベール『動物シンボル事典』、竹内信夫、柳谷巌、瀬戸直彦、アラン・ロシェ共訳、大修館書店、東京、一九八九年。二二五〜二二七ページ。
また、C・G・ユングは、精神分裂病の前駆症状を扱った『変容の象徴』の中で、ミラーという女性の「蛾の歌」を大きく取り上げている。（C・G・ユング『変容の象徴』、野村美紀子訳、筑摩書房、一九八五年、東京。文庫版上下二巻、一九九二年）
〈註38〉世界美術全集17『ワトー』（集英社、東京、一九七六年。藤茂樹編集、吉川逸治、摩寿意善郎監修）の中山公男に依る「ジル（ピエロ）」の作品解説の箇所。一一九ページ。
〈註39〉ユングは、こうしたグノーシス主義的ともいうべき愛について冷淡である。

「最高のものに憧れることは正当であるとしても、その憧憬が人間に定められている限界をこえるという事態はやはり罪にあたる越権であり、破滅である。蛾の星への憧れは、星が高い天にあるから純粋だということはないのであって、このような高い望みに身を灼いてその種のありようをはずれたりしない蛾の欲望がほんものなのである」（ユング、前掲書、文庫版上巻。二三二ページ）。

このことと関連して、この蛾のメイク・アップをしたアルルカンについて別の解釈をすることも可能だろう。メズタンの持つ松明は、タロットの大アルカナ十五番の悪魔の持つそれと同じように右手で掲げられている。そして、そもそもアルルカンは、本文でも触れたように、悪魔の化けた道化のエルカンに由来していた。そして、秘教哲学者のマンリー・P・ホールは、十五番の悪魔のカードについて次のように書いている。

「この図は全体として星の光（アストラル・ライト＝世界の鏡）の持つ魔術的な力を象徴している。そこには神の力が、倒立した（劣等の）形で反映している。悪魔は蝙蝠のように翼をつけており、夜の（影の）劣等世界に属することを示している。女性と男性の姿をした人間の動物的本性が、足台に鎖でつながれている。松明は、無知な魂を自滅に追い込む偽りの光である」（マンリー・P・ホール『象徴哲学大系Ⅲ　カバラと薔薇十字団』吉

村正和訳、人文書院、一九八一年。一一五ページ）

もし、ここで述べられているように、松明の光が偽りの光であるのなら、蛾の形で表現されているこのアルルカンの魂に関して、ユングの言うような、無謀な憧憬を抱いたばかりに自滅しようとしている、その愚かしさが描かれているのだと見なされて然るべきだと言うべきだろう。しかし、このヴァトーの作品においては、こうした意味での愚かしさは、端的に否定さるべきものとして捉えられていると考えるべきではない。というのも、「フランス芝居の恋」の方の痴愚神に照らして見ればわかるように、「愚かしさ＝痴愚」の両義性が大胆に慣用されていて、端的に否定的なものと見るべきではないどころか、むしろ、その逆説的な性格にこそ焦点が当てられているからである。ゲーテが『西東詩集』の中の「至福の憧れ（Selige Sehnsucht）」で示した「エロスの焔に燃え尽きる蛾」のイメージこそが、正しく、このようなヴァトーの作品に見受けられるメッセージに一致しているものなのだ。

〈註40〉ルドルフ・ベルヌーリ『錬金術とタロット』、種村季弘訳、河出書房新社、一九九二年。一一ページ。

夜の暗闇の中にいる白い服のピエロは、白頭の鴉《からす》によって象徴されるような黒（ニグレド）の中から生じる白である（『イメージの博物誌6――錬金術』スタニスラス・クロソウスキー・デ・ロラ著、種村季弘訳、平凡社、一九七八年。三一～三二ページ）。

また、メズタンの持つ松明は、「次の世代に手渡される生命、再生を表す」（アト・ド・フリース『イメージ・シンボル事典』、前掲書、六四六ページ）ことから、投企とは死と腐敗の中にこそ秘められた生命のあり方をも指しているのだろう（このことに関しては、さらに、註47をも参照のこと）。

〈註41〉Heinz Kindermann : Commedia dell'Arte, *ibid.*, pp.984-985.

〈註42〉Heinz Kindermann : Commedia dell'Arte, *ibid.*, pp.980-981, pp.984-985.

〈註43〉バーバラ・ウォーカー『神話・伝承事典』（青木義孝、栗山啓一、塚野千晶、中名生登美子、山下主一郎共訳。大修館書店、一九八八年）「ヘカテ」（三〇三ページ）及び「三位一体」（八〇五ページ）の項目。また、松前健によれば、ヘカテやモイライの三位一体や、日本の阿弥陀三尊などは、月神を三体と見る古代的な思想と関連があるという点で共通しているという（日本民俗文化大系2『太陽と月――古代人の宇宙観と死生観――』著者代表　谷川健一、小学館、一九八三年、一三一ページ。「月と水」）。

〈註44〉フロイト「レオナルド・ダ・ヴィンチの幼年期のある思い出」（前掲の『フロイ

ト著作集3』所収)。バーバラ・ウォーカー、前掲書、八三一～八三二ページ、「ハゲワシ"vulture"」の項目)。

〈註45〉ユング、『変容の象徴　上』(前掲書、四五九～四六一ページ)、および『変容の象徴　下』(一七三～一七五ページ)。バーバラ・ウォーカー、前掲書(「ヘカテ」三〇三ページ)。

〈註46〉ミルチア・エリアーデ『世界宗教史Ⅱ――ゴータマ・ブッダからキリスト教の興隆まで――』、島田裕巳、柴田史子訳、筑摩書房、一九九一年、三九八ページ。

〈註47〉ヴァルター・ベンヤミン『ドイツ悲劇の根源』、川村二郎、三城満禧訳、法政大学出版局、一九七五年、二八二～二八三ページ。

〈註48〉ヴァルター・ベンヤミン『ドイツ悲劇の根源』(前掲書、二七八ページ)この少し後に、次のような箇所が出てくる。

「すべて悲しみの中には、無言への傾斜が見られ、しかもそれは、伝達の能力を欠いているとか、その気がないとかいうこととは全く異なることなのである。悲しみは、このようにして、認識不可能なものによって、根底的に認識されたと感じる」(ベンヤミン、前掲書、二七九ページ。傍線は筆者)

つまり、物質の沈黙に込められた悲しみにも対話のような言語的な伝達作用があり、その伝達作用の場においては、人間の認識能力では捉え難い——ベンヤミンは、この著作の序論として、「認識批判的序説」という一種の認識論批判を冒頭に置いているのだが——超越者によって受動態に置かれるのであって、その「受動態に置かれる」ということが真理や理念と関わる場合（「真理は志向の死である。これこそがヴェールにおおわれたザーイスの女神像の寓話の意味であろう。そのヴェールを引き剝してしまえば、真理をたずね求めていた人間は挫折する」同書。一六～一七ページ）に於いては重要な意味を帯びて来るわけである。これはパトス的な知へと駆り立てるタナトスと呼ばれても差し支えはないのではないだろうか？　ただし、それは次のように言われるクリステヴァのアブジェクシヨンについての言葉の中にこそ、その適切な場所を確保している。

「アブジェクシオンとは（自我の）死を経た復活である。それは、死の欲動（フロイトのタナトス＝引用者）を、生の、新たな意味＝記号生成の、跳躍に変換する錬金術である」（ジュリア・クリステヴァ『恐怖の権力』、前掲書、二三ページ）

ちなみにベンヤミンは文章の中で「せむしの侏儒」を偏愛したが、ヴァトーの「イタリア芝居の恋」には、せむし（プルチネッラ）と侏儒の両方が登場している。

〈註49〉〈註47〉を参照のこと。

〈註50〉「インドでは、『法苑珠林』『未曾有経』などの経典に語られる、月中の兎の説話がある。その兎は火中入定を試み、焼死したので、帝釈天がこれをあわれみ、その焼死体を取って月中に置いたという」(日本民俗文化大系2『太陽と月』所収の、松前健の前掲の論文「月と水」。一二八ページ) この説話においても、動物の数は三であり、その三匹の動物の中でもその能力に於いて劣るものとされている兎が、我が身を犠牲とすることに依って月に上げられる。そして、道化の数が三であるように、光源の数も三つある。すなわち、月、松明、ランタンである。

ヴァトーの初期の作品と言われるものに、"Arlequine empereur dans la lune"(「月明りのアルルカンの皇帝」ないしは、「夢見がちのアルルカン皇帝」)という作品がある(フランス語を学んだことのある人なら知っているように、"être dans la lune"で、逐語訳では「月の中にいる」という意味なのだが、実際には「うわのそらである」、「ぼんやり物思いにふける」、「現実離れしている」という意味で使われる熟語がある)。この作品は師のジローの作品である(AW, [Martin Eidelberg : Watteau in the Atelier of Gillot]。この論文は、ヴァトーがこの作品に携わったとは考えられないと断言している)とも、二人の共作であるとも言われているのだが、コメディア・デラルテの一場面と思しきものが画面上に展開されており、画面の右側から左の方へと進む馬車——馬車と言っても、繋《つな》がれているのはろばのようなのだが——に乗ったアルルカンが帽子に手を掛けて挨拶しており、画面左側には、ドクターがそのアルルカンの進路を遮るような身振りをしており、コロンビーヌと思われる女とメズタンがドクターと共にいる。多分、このアルルカンは、師のジローが目の当たりにしていたであろう、ビヤンコレーリの千変万化な演技、一つの劇の中で様々な扮装で登場したという演技と関係があっただろう。この絵がヴァトーの作品であろうとなかろうと、その絵の中に見られるテーマ群（アルルカンや月の「イメージ」——というのも、この作品そのものには月は描かれていないからなのだが——やドクター、メズタンなど）は明らかに「イタリア芝居の恋」に影を落としている。

3. ジェルサンの看板《L'enseigne de Gersaint》

この絵は左右二つの部分から成っている。

この絵は、作者ヴァトーの友人、ジェルサン（画商、版画商、鏡商）の、「専制君主（Au

Grand Monarque)」という名前の店の店先を描いたものとされている。

まず、右の画面から見てゆこう。右側には、カウンターがあり、ジェルサンの妻（マリー・ルイーズ）と言われている人物が客に鏡を差し出しており、二人の紳士と一人の婦人がその鏡を見ている。男のうちの一人は、カウンターの中にいて、立っており、腕を組んで、マリー・ルイーズの差し出す鏡を見下ろしている。もう一人の男は、カウンターの外で、目には見えないが恐らくは椅子の上に腰を下ろして、カウンターに右肘を突いて、やはり鏡を見ている。

女は、座った男の手前側にいる。身体は正面を向いており、ゆったりとくつろいだ様子で椅子に腰を下ろしているのだが、顔は右向き（つまり、絵の中の人物にしてみれば、左向き）に、右側で差し出される鏡の方を注視しており、上半身が微かにカウンターの方に身を乗り出しているかのようでもある。左腕はカウンターの上に置かれ、手首から先がカウンターから流れ落ちるように垂れている。右腕は、ふわりと広がったスカートの上に投げ出され、手首から先は白い手袋に覆われている。女の衣服は真珠色に輝く繻子《しゅす》製のようであり、広く開いた襟元が豊かな胸元を際立たせており、首からはネッカチーフが垂れている。外衣は対照的に黒く、カウンターに添って右側で垂れている。

ちょうどこの女の真後ろに、この店の店主であるジェルサンその人と思われる人物が立っている。ジェルサンは、客と思われるやや年配のカップルに、あたかも「こちらの絵はいかがでしょう」と言っているかのように、初対面の人を紹介する時のような身振りで左手を差し出して、一枚の絵を示している。その絵は、店内に陳列されている絵画の中で、唯一卵形をしており、絵の中に描かれているのは、どうやらギリシア神話に登場するニンフ（妖精）たちの裸体の群像のようである。二人の客のうちの女性の方は立っており、右手に棒付き眼鏡と思われるものを持って、絵の上の方に広がる空や、高く聳《そび》える木々を熱心に観察している。男の方は、右膝を突いて跪《ひざまず》き、右手には杖を突いて、ニンフの群像の方を見詰めている。この卵形の画面を挟んで、カップルは左側、ジェルサンは右側に位置している。

ジェルサンと鏡を見ている三人の客の後ろには、巨大な鏡が置かれており、鬘《かつら》を被ったジェルサンの後ろ姿が映っている。鏡の右上の方には、店の外から差し込んでくる日の光らしきものが映っている。

左側の画面に目を移すと、こちらには、五人の人物が描かれている。床の上には大きな木箱が置かれており、多少変更されてはいるが、おそらくは「太陽王」ルイ十四世のものと思われる肖像画がちょうど木箱の中に入れられ、片付けられようとしているところである。その絵を持っている男はだらっとした白いシャツを着て、かがみ込んでこの作業を遂行しようとしている。そのすぐ後ろには、帽子を被った男が、上がアーチ形になった大きな姿鏡を持って、前の男が絵をしまい終えるのを待っている。白シャツの男の後ろには机があり、その上には置時計があり、その針は十一時四分を指している。その時計は、ハルピュアイのような怪物の形をした台に支えられた長円形をしており、二つの円をベルトで繋いだようである。上方の円は丸い時計の文字盤になっており、下方の円にあたる箇所にはおそらく聖母子と聖カタリナのものと思われる彫像がある。文字盤のさらに上には、タロットの「世界」のカードに描かれているような女神の彫像が踊っている。この時計の後ろには巨大な鏡があって、それは右側の画面の中央にある鏡に対応しているのだが、その中は真っ暗で何にも映ってはいない。踊る女神の彫像は、その薄暗い空間の中で踊っているようにも見える〈註1〉。

この絵の最左端には、どっしりと縦に聳える石の柱があり、店の間口を構成している。その前には、帽子を被った男が左手に先が太くなっている棒のようにも見えるフォークを持って、その先端で地面を突き、右手を腰に当てて正面を向いて立ち、視線を右下へと落として、片付けられる太陽王の絵を見詰めている。あるいは、この作業を見守っているようにも見える。男は茶褐色の長靴を履き、白いシャツとチョッキを着て、その上に、やはり茶褐色の上着を着ている。この男は、どうやら「パリスの審判」の画面左側のパリスの後ろに姿を現わしている、ケーリュケイオンの杖を携えたヘルメス神を反映しているようだ。

作業の行なわれている現場の手前には、木箱に詰められているものと覚しき束ねられた一束の麦藁《むぎわら》とすでに解かれたものが少々置かれている。

作業をしている二人の右には一組のカップルがいる。このカップルも顧客のようで、作業をしている男たちに比べると上品な身なりをしている。婦人の方は、この店の面している路上から、一段高くなっている店内に、左足から一歩足を踏み入れたところのようである。カップルのうちの女性の全身は柔らかく輝くピンク色のドレスに包まれ、その末広がりの形は右側の画面の婦人の白いスカートの形に呼応している。ピンクのドレスの下からは、右足のハイヒールがのぞいている。髪は短くまとめて、リボンを付けている。この婦人は、絵を見ている私たちと同じ向きを向いているわけで、この絵の中では、通りすがりに視線を左側へ落として、太陽王の絵を見やっているのだが、それは私たち絵を見る者にとっても左側にあたる。

この婦人の奥には、あたかも店の奥へと誘うような身振りをした紳士が描かれている。この男は、ヴァトーの自画像とも言われているのだが、この左側の画面の中では、左端に立つ男と中央の時計を挟んで、ほぼ対称の位置に立っており、あたかもシンメトリカルな身振りを行なっているようにも見える。ただ異なるのは、チョッキの色が茶褐色であることと、帽子は被らずに左の脇に挟んで持っていること、手に棒を持っていないこと、外衣の裾が長く、鬘を被っているのでより上品に見える点である。身振りはむしろ、時計の上の踊る女神像のそれに似ている。

ヴァトーの自画像（?）の奥には、観音開きの扉があり、それは、右側の画面と、こちらの左側の画面とを跨いでちょうど中央に位置しているのだが、左側の戸が手前に開いているのに対して、右側の戸は閉じられている。

飾られている絵は、右側の画面の右側面の壁に掛かっているのが九枚、奥正面の壁に掛かっているのが五枚の計十四枚、左側の画面の左側面の壁に掛かっているのが七枚、正面の壁に掛かっているのが四枚の計十一枚、そして、左右を跨ぐ扉の上の絵が一枚で、全部で二十六枚である。さらに、右側でジェルサンの示している卵形の絵と、太陽王の絵を合わせると、この絵に見て取れる絵の数は全部で二十八枚ということになる。

右の画面の右下で、ぽつんと孤立して、身体を丸めてうずくまる犬は、ルーベンスの連作「マリー・ド・メディシスの生涯」中の『マリーの戴冠』から引用されたもので、「誠実な愛」というものを寓意において表示したものであるらしい。

『ジェルサンの看板』の、様々な絵画の置かれている店先は現世であり、半開きの扉の彼方は「あの世－彼岸」である。

箱に片付けられる太陽王の肖像は、とりわけ現世における高貴なもの、「栄誉」の象徴であり、それを振り返る女性は、『シテール島の巡礼』の中央の丘の上で、背後を悲しげに振り返る婦人と同様、この世における豪奢なもの、すなわち「愛」もまた刻一刻と失われていってしまうことを惜しんでいる。それはこの世の財産の根拠であるヴァニタスの失われるべき時の訪れを意味している。そこでは、所謂《いわゆる》「仮象の美」を通じた「愛」は凌駕されてしまう。人間の愛の限界がそこにはある。

その女性を誘う、ヴァトーその人と思われる人物は、ヘルメスとして霊魂導士的な役割を果たしており、店の奥の半開きの扉の彼方へと誘っているのである。そのことを示唆しているのは、左側で干し草を掬《すく》うためのフォークを持って立っている男と対称的な身振りをしていることによって示唆されている。というのも、この男は、『パリスの審判』の左側のヘルメスに対応しているのだから。婦人の方が、やはり『パリスの審判』の中で、極めて魅惑的な裸身の後ろ姿を晒しているヴィーナスと置換可能であるのに対して、ヴァトーの自画像であると言われている男性の方は黄金のりんごを差しだすパリスの身振りに対応している。さらに、その絵の中では、パリスの背後から、ヘルメスが寄り添うように姿を現わし、右手にカドゥケウスの杖を持って、パリスの頭部を見詰めているのだ。パリスとヴィーナスの足が交叉する足下で、『ジェルサンの看板』の右下の犬のように、犬が身体を丸くして休んでいることも指摘しておいてよい。それは、ヴァトーの、ヴィーナスに対する愛の忠誠の誓いを意味しているのだろうから。

さらに、この絵の右側の画面の方にある、ニンフの描かれた楕円形の絵は、おそらく、『パリスの審判』の中のアテネの持っている盾に対応するものであろう。アテネの盾にはペルセウスの退治されたメデューサの首がはめ込まれている。メデューサの顔を見ると石になってしまうと言われるが、元々メデューサも怪物バシリスコスのような邪眼を持つ女神だったと思われる。ナルキッソスのような、水の鏡に自分の姿が映ったために命を失ってしまったり、メデューサの顔を見て石になってしまうということは、鏡像的な他者に自分の欲望を写し取られてしまうのではないかという恐怖にまつわるものだろう。この恐怖を克服できない者は、真の意味で生きることができない。そして、克服の鍵となるのが、他者が鏡像に過ぎないということを理解し、自我を他者とは区別して自分の主人とし、ペルセウスのように鏡（自分の欲望の中の他者性と他者の中に理想化された全体として映っている自分の欲望）をひっくり返して自分から切り離し、使いこなすということなのだ。

この絵の、あたかも蝶番によって結び付けられたかのような右と左とは、ちょうど、ティツィアーノの『聖なる愛と俗なる愛』のように、愛の対照的な様相を示しているものと思われる。中央にある観音開きの扉の右側の戸が閉じているのに対して、左側の戸が開いているのは、ティツィアーノの作品の右側の裸身の女性が俗なる愛を、左側の着衣の女性が聖なる愛を表現しているのに対応している〈註2〉。だからこの店が、あたかも一軒の店のように描かれているからと言って、必ずしもそう考える必要はないし、たとえ一軒の店と考えるにしても、同じ状態の店先なのだと考える必要はまるでない。右側での、複数の人物の鏡と絵画［似姿］とに魅入られている状態は、この世の魅力を作り出すヴァニタス［虚栄＝空虚］の魔術に魅了されているということの証左なのであり、左側で片付けられている太陽王の絵は、愛の完成として、ヴァニタスの象徴的な落日なのである。左側のカップルは、「神聖なる愛の帰結として」無垢で明澄な状態へと到達し、この世界を超越してゆくのである。

【註の部】

〈註1〉バーバラ・ウォーカーは、いわゆるグノーシス主義の流れを汲んでいるキリスト教異端のカタリ派の「カタリ kathari（純潔なる者）」が、インドで神殿踊り子を意味する kathakali と似ていることを指摘した上で、この神殿踊り子は太母女神カーリーのために「時の踊り」を踊ったものであると述べている。そのカタリ派が、ほとんど唯一女神のように崇拝していたのが、イエス・キリストと夢の中で婚約してキリスト教徒となり、時の皇帝の求婚を退けたために、刃のついた車輪に掛けられる拷問を受け、その車輪が奇跡によって打ち砕かれたため、斬首によって処刑されて殉教したとされる、アレクサンドリアの聖カタリナ（実在しないらしい）である。

この聖女信仰の本来の中心地であるシナイ半島では、聖カタリナを、宇宙軸を中心に炎をあげて回転している車輪の上で踊っている者として描いたという。してみると、この、時計の上で「時の踊り」を踊っているかのようにも見える女神も、聖カタリナであるのかもしれない。

ヴァトーがカタリ派であったかどうかは、確認のしようもないことであるが、ひょっとすると、自覚せざるグノーシス主義者であった可能性は大いにあり得る。往々にして、同時代のヴァトーの友人たちは、ヴァトーが精神的にリベルタン（放縦）であったと語っているが、それは、恐らく彼のグノーシス主義に由来するのではなかったか？

また、この時計の形は、タロットの大アルカナ十番の「運命の車輪」に似ている。聖カタリナと「運命の車輪」を回す運命の女神は同根の存在なのかもしれない。

ティツィアーノは、聖カタリナが聖母マリアから幼子イエスを抱き取るシーンを描いている（『兎の聖母』）。

ユーリ・ゾロトフは、「ヴァトー：図像圏と芸術家の人格」という論文の中において、「ジェルサンの看板」の中から、現実や芸術的な媒体（これらを著者は図像圏と呼んでいる）から象徴的な意味合いを帯びて、「木霊《こだま》のように」沸き上がってくる幾つかのイメージの例を取り出しているのだが、その発想に添って考えるなら、マリー・ルイーズの向う側に見える絵が「聖カタリナの神秘の結婚」であるということは、それが左側の時計の下方の影像の反響として現われているということになる。さらに、ゾロトフは、「ジェルサンの看板」における、「画中画」という図像学的なスタイルはそれ自身が目標なのではなく、画家のヴィジョン、その固有な詩的幻想に奉仕するものであると述べ、ヴァトーのヴィジョンにとって、芸術的な題材や印象は、意義の束の間の運び手としてではなく、とりわけ、代わり映えのしない日常の中に、叙情的な魂や微妙な趣を帯びた情緒の存在として、図像圏の中へ入り込んでおり、そこにヴァトーにおける「画中画」に対する独特なアプローチとの関連性を見ている。確かにその通りなのだが、それに付け加えて、ヴァトーがそのような魂や情緒の反映を画面に刻み込む時、それは一種の祈りとして行なわれているのだということを忘れてはならない。そして、聖カタリナの時計は、迫り来る死の予感、彼にとって残された時間が僅かなことの自覚というヴァトー自身の運命の啓示をこそ意味していたのではないだろうか。

参照『神話・伝承事典』バーバラ・ウォーカー著、青木義孝、栗山啓一、塚野千晶、中名生登美子、山下主一郎共訳、大修館書店、一九八八年。
“Antoine Watteau (1684-1721) The Painter, His Age and His Legend” (Texts edited by François MOUREAU and Margaret MORGAN GRASSELLI ; CHAMPION-SLATKINE, Paris-Genève, 1987). [Youri Zolotov, Watteau : iconosphére et personalité d'artiste]

〈註2〉ザルツブルク大司教のミサ典書に載っている、ベルトルト・フルトマイヤーによる「生と死の木」の絵（一四八一年）では、真ん中に蛇の絡みついている一本の木が立っており、その右側に、死をもたらす知恵の実を人々に与えている裸体のエヴァが、左側には、救済をもたらす聖餅を人々に与えている着衣の聖母マリアが描かれている。そして、知恵の実も、聖餅も、真ん中の同じ一本の木になっているものとして描かれている。

この絵は、おそらく、マリアを第二のエヴァと捉え、人類は堕落と同じ道を通って救われる、と考える予型論に基づいているわけなのだが、予型論では、エヴァが官能的な愛を司るギリシア神話のアフロディーテー・パンデーモスに対応し、一方マリアは精神的な愛を司るアフロディーテー・ウラニアに対応していると見ることができるだろう。つまり、予型論も、ヴェヌスのような愛と美の女神の二重性（一本の木に、死をもたらす実と救済をもたらす実の両方がなっているといったような）を反映しているものと考えることができる。してみると、ティツィアーノの『聖なる愛と俗なる愛』における右側の裸体の女性はエヴァ的なアフロディーテー・パンデーモスに、左側の着衣の女性がマリア的なアフロディーテー・ウラニアに対応していると見てよいだろう。通常は、これとは反対に、右の裸体のヴェヌスが天空の、左の着衣のヴェヌスが地上の女神のように思われている。しかし、その考え方に一定の正当性がある――左側の女性が瓶の中に保持しているこの世の財産を放棄し、全ての着衣という仮象を脱ぎ捨てた裸形状態でのみ垣間見られる愛の真実という――のだとしても、必ずしもその解釈に執着する必要などないし、かえって作品を味わう上で、その執着は邪魔になるだけだろう。象徴に絶対的な正しさを持った解釈など存在しないのであり、中心にあるのは象徴という素晴らしい空虚なのであり、個々の解釈はあくまでも周縁的なものだからである。

つまり、私に言わせれば、この絵は、フェルメールの有名な絵と同様に、「聖なる愛と俗なる愛」という愛の二重性の対比というイコノロジーによって理解されるべきなのであって、右側がヴァニタス［鏡と似姿］に魅了されてあるべき時機とそこにおいて問題とな

右の画面と左の画面の主な対立

右の画面	左の画面
閉じられた扉	開かれた扉
右側が明るい	左側が暗い
鏡に魅入られた二人の男と一人の女	絵を片付ける二人の男
絵に魅入られた年配のカップル	絵を通り過ぎる若いカップル
ジェルサン→美術愛好家	大衆（棒）←ヴァトー
マリー・ルイーズ→消費者	作業者←未知の女
現世への誘惑	あの世への誘い
接近	分離
視線の分散	視線の集中
現在への没入	未来への超越
瞬間	永遠
現世への愛	あの世への憧れ
休息する女性	移動する女性
正面向きの女性	後ろ姿の女性
鏡像	分身
ここに	あちらへ
etc.	etc.

るべき俗愛を、左側がヴァニタスを捨て去るべき時機とそこにおいて問題になるはずの聖愛を表現しているものと理解しているのである。［太陽王の絵と鏡のしまわれる木箱はヴァニタスの棺桶なのだ。この木箱には、鏡と似姿［絵画］と共に、乾草が詰められているのだが、それはヒエロニムス・ボッシュの「乾草の車」に見られるように、ちくちくとその欲求に悩まされる虚しき欲望の象徴なのだ。それが葬り去られることによってこそ、「そして、扉は開かれる！」］

この絵を理解するには、この絵を描いたその時には、すでに不治の病による死を覚悟していたヴァトーに、彼の作品の中で最も大きなものであるこの絵を描かせた彼の心を理解すべきなのだ。

4．『ジェルサンの看板』と『パリスの審判』再考

この絵を理解する上で一つ重要なことを明らかにするために、本来は「ジェルサンの看板」の絵の中で、このヴァトーの友人ジェルサンの「専制君主（Au Grand Monarque）」という名前の店の店先を飾るはずの絵の下描きとして描かれたものと見なされている、ほ

ぼ同じ頃に描かれた「パリスの審判」という絵を見る必要がある。こちらの絵には七つの要素が描き込まれている。すなわち、美を競い合う三人の女神（アフロディーテー、ヘーラー、アテーナー）、愛と美の女神の子供であるエロース、審判者パリス、神々の使者であるヘルメス、そして、パリスとアフロディーテーの間に描かれた、当時は「忠実な愛」のエンブレムとされていた「うずくまる犬」である（ヴァトーは、動物や小道具をいつでも当時流行っていた寓意に忠実なエンブレムとして用いるような野暮なことはせず、多様な脈絡でそれらを表現しているのだが、この場合には、伝統的なイコノロジーに忠実に理解することが充分有効だろう）。ヴァトーは、多分、この絵を描いているうちに気が変わったのだ。つまり、本来はこの絵をそのために描いているはずの「看板」の中に愛と美の女神に対する賛辞と感謝とを判じ絵として描き込むために、この下描きに基づいた絵を絵の中の店の壁の上に掛けるのをやめてしまったのである。その代わりに、この絵の中の七つの要素を、そのうちのただ一つだけを除いて、形を偽装して、「看板」のあちこちにちりばめてみせたのだ。

まず、「看板」の左側の画面の方に注目してみよう。木箱の向う側に時計が見える。その時計の右側に、ヴァトーは、自分の自画像と思われる人物にパリスの黄金のりんごを差し出すポーズを、りんごを伴わない「誘い」の姿勢として取らせて、ちょうどそれと向き合うような形で、太陽王の絵の方を振り返りつつ——このポーズには、私の考えでは、「シテール島の巡礼」のほぼ中央で、この世の栄華としての愛というものも確実に過ぎ去ってしまうことを惜しんでいる女性と同じ意義が込められているのだが——も、彼の誘いに応えようとして店の奥の方へと歩みを進める女性の後ろ姿を、『パリスの審判』の方のアフロディーテーの裸体の後ろ姿に重ね合わせている。そして、例の時計の反対側では、店員と思われる人物に、霊魂導士としてのヘルメス神の姿を重ねあわせて、乾草をすくうフォークをケーリュケイオンの杖の代わりに持たせて、厳密にそうだというのではないのだが、ヴァトーの自画像のそれに対してその時計を中心軸としてほぼシンメトリカルな姿勢で立たせている。

さらに、この左画面の太陽王に関して興味深いことを指摘するなら、この太陽王の絵から二つの画面を合わせた全ての画面の中心点に向かって線を引いて、その線を右側の画面に向かって延長して行くと、右側の画面の縦長の大きな鏡に映っている外からの光の反映に突き当たるのだが、その中心からの距離がほぼ等距離になっている。

それに対する右側の画面の方はどうなっているだろうか？　女神アテーナーとヘーラー

に相当する女性はどちらも右側に描かれている。アテーナーに相当する女性は、メドゥーサの首をはめ込まれた盾の形を模した卵形をした絵の前に立って、柄付き眼鏡を手にし、その絵を鑑定するかのように覗き込んでいる。しかし、興味深いのは、彼女の夫と思われる人物が腰を屈めて、裸体のニンフたちを見るのに夢中なのに対して、彼女は空と樹木しか描かれていない絵の上の方を見るのに熱中しているということである。彼女が被っている黒い帽子は、もちろん、私に言わせるなら、アテーナーの鋼鉄の兜《かぶと》を反映しているということになる。一方、ヘーラーに相当する女性は、正面向きに腰を下ろし、ホタテ貝の形を模したものと推測される、サテン製の豪奢なスカートを垂らして、右側の鏡——彼女にとっては左側だが——を覗き込んでいる。そう、まるでペルセウスの鏡を覗き込んで凍りついたメドゥーサのように、だ。つまり隣接としての換喩的な脈絡によって、メドゥーサ的なるものが表現されていると見るべきなのだろうか？ つまり、それは女性の美と某《なにがし》かの関係があるというわけなのだろう。しかし、それは左側のヴィーナスの美とは区別されるべきものでもあるだろう。そして、彼女の黒い上着——ガウンと呼ぶべきだろうか？——の裾は、ヘーラーのアトリビュートである孔雀《くじゃく》の形を模すべく、右側で凝り固まっている。

そして、最後に、ヴァトー自身の美と愛の女神への忠誠の誓いを表象すべきものである「誠実な愛」のエンブレムであるはずの犬は、現在はルーブルにあるルーベンスの「マリー・ド・メディシスの生涯」中の『マリーの戴冠』の前景に見える二匹の犬のうちの片方の引用の形を取りつつ、画面の右下隅にひっそりと孤立させられた形で、目立たぬように描き込まれている。

それでは、エロースはどうなってしまったのか？　ヴァトーはそれを敢えて描こうとはしなかった。しかし、私には、眼には見えないエロースこそが、歩みを進めるカップルのために、店の奥の扉を開いている当のものに他ならないのだと思える（まだ今の時点では突拍子もないことのようなものにしか過ぎないのだが、実は、私は、この消えてしまったエロースを「メタトロン（情報の天使）」と結び付けて考えてみたい。その理由は、今の段階では、まだ明確に述べることはできないのだが。それらは、これからの課題に他ならないのである）。

（一九九四〜一九九五年頃）

中島梓著『タナトスの子供たち』書評

私がこれからここで論評しようとするのは、「ヤオイ」についてではない。「ヤオイ」に関して言えば、私はその現代的な意義について少なくとも頭ではわかっているつもりだが、その良い読み手ではないこともあって、論じる準備もできてはいないし、そのつもりもない。ここで言及しようとするのは、中島が「その切り口を通して現代社会の問題を分析する」と言うところの「現代社会の問題」の方である。

いやはや、いくら生態系が滅びていないからといって、恐竜が滅びてしまえばもはや恐竜にとっての現実が問題とはなり得ないように、人類も一旦滅びてしまえば、同じ地球上に再び人類と呼び得るものが生成してこない限り、人間にとっての現実というものは問題とはなり得ない。

仮に、地球上から一旦人類が滅びてしまい、同一の星である地球上で人類と似たような生命が再び誕生し繁殖するというような事態が起こり、なおかつ、かつて地球上に存在した人類と、言わば「蘇った人類」との間に文化上の連続性が存するとすれば、それは人類の「復活」であろう（そうしたことが現実に起こり得るかどうかという可能性の問題を捨象しての話だ）。

しかし、一旦人類が滅んでしまい、なおかつ、およそ人類以外のあらゆる生物という生物が存在し得ないほど生態系が破壊されてしまったのなら、そして、そこにもなお人類にとって意味のある現実があると考えるのだとすれば、そこにはある種の超越があるだろう。神秘的であるにせよ、ないにせよ。それは誰にとっての、何にとっての現実、意味なのか？結局、人間は人間として現実にコミットするしかないのだ。それのどこがいけないというのか？

この著作は、もし著者が書こうとする目的意識に駆られることがなかったのなら、存在し得なかったはずである。つまり、文章を生み出そうとする自分を、そのエロスに従っている自分を肯定したいという衝動が込められていることになる。そして、言表行為（むしろ「書記行為」と呼ぶべきか）のレベルでの作者の姿勢の体現する意見と、その文章の中で言われている意見との間に作家らしい分裂がある。それがこの著作の深みなのである。この著作の言っていることは一枚岩ではない。分裂した意見が現われているのだ。しかも、それが無意識的なものではなく、自覚的なものであるという点が作家的なのだ。

しかし、もしもこの著作の最終的な結論にこの著者が忠実でありたいのなら、「私はどちらかというと、この社会の勝利者である人や、勝利者を目指している人にこそ、『本当にこのままでいいのだろうか』と考えてほしいと思います」と、後書きの中であっても述べるべきではない。それはこの著作を、どんなにささやかであっても、「人類が滅ぶことを免れる」とまでは言わないにせよ、一日でも生き延びるための微弱な力にもなれないような、無意味な過剰ではないものとして運命付けることになるかもしれないから？　いや、それは書く主体にとっては止むに止まれぬ生の発露なのであって、すでに過剰ではない。もしもそれが無意味な過剰なのだとすれば、それはそのような著作を受け容れる準備のできていない読み手にとってでしかないのだ。しかし、それでも、たとえそれがどのような読み手に読まれるのであっても？　そうだ。それこそが自己肯定の力なのだ。

ちょっとした人身御供論。バタイユとアステカ文明。

人身御供となる者は、自らが人身御供となることを受け容れているのか、いないのか？区別。この考えには幾つかの側面がある。

①人類が実際に滅びてしまうということの可能性について考えるということ。

②あるいは、人類が実際に滅びようとしていると考え、確信し、それが善いことであると考えること。

（どうしてこんなことを人身御供論の中に含めるのかというと、「滅びる」というのは、人類が自らを宇宙に捧げるという行為のことだからである。バタイユ的な言い方をすれば、「無への贈与」ということだ。もちろん、これではあまりに体裁の良すぎる言い方であることも確かだ）

③人身御供を定期的に捧げることによってしか社会は発展し発達し続けることはできないと考えること。

④それを実行するために、人身御供の対象を調達すること。あるいは、人身御供の対象に自ら進んでなること（カフカの『流刑地にて』の士官のように）。

（そして、これには、人身御供の対象となる者が供犠儀式の主宰者である祭司王自身である場合とない場合、そしてそれが祭儀そのものによって決定される場合（祭儀が「闘い」という形を取って行なわれる――人は「闘い」が好きだからね、やっぱり――場合のように）が考えられる）

つまり、ホモセクシュアルの作家のドミニク・フェルナンデスが言うところの「『ベルナールの偉大な考えの一つは』とマルクは言葉を続けた。『それは、一つの社会は、その構成員のうちの何人かを周期的に祭礼儀式で犠牲に捧げることによって、初めて発展し発達し続けることができるというものです』」（『除け者の栄光』榊原晃三訳）という主張を認めることになる。

　この思想は、言わば「スケープゴートを宇宙に捧げる」というバタイユ的なものである。この思想は、実践レヴェルでは、バタイユの注意を引いたアステカ文明がそうだったように極めて古くからあるものだが、現代でも、なるほど、人は大っぴらには人身御供を認めないが、例えば戦争は人類に欠かせないものであるとか、死刑はやっぱり必要だとか主張することによって暗黙のうちに認められているものである。今となっては使い古されたバタイユのエロティシズムの定義を借りれば、人は「死に至るほどにも生を称揚する」ことに魅せられているというわけである。

　このことを大っぴらに現実に当てはめて言うならば、人類が派手な核戦争でも何でも一つぶちかまして一気に滅びるということがもっともエロチックな生命賛歌になるとでもいったところか（それは確かにある意味最高の生命賛歌かもしれんが、一体誰がそれを聴くというのかね。聴く者が一人残らず滅んでしまっているというのに。それを「最高」と捉えることは、認識のレヴェルと存在のレヴェルとをあらかじめ設定している――哲学の存在論と認識論の分裂のように――と同時に、その二つのレヴェルを混同することによって、つまり自分が特権化されたメタレヴェルにいることができると勘違いすることによって生じる。つまり、現在そうであると言えるが、人類がまだら色に滅んで行くならともかく、一気に滅ぶなら、その場合、「最高」と言い得る者などすでにどこにも存在しないのである。もちろん、私たちが本当に滅んでしまえばそのことを確認する術を私たちは一切持たない(当たり前だが)。私に言わせれば、こんな生命賛歌など糞喰らえである。

こうしておそらくは(というのも読んだことがないからなのだが)小林よしのりのように自分は決して戦場に行かないが、さも戦争が結構なことであるかのように誉め称えるという勘違いが生じるのである(読んだことないが、読むに堪えるだけの内容があるとでもいうのかね、君?)。

人は純粋な傍観者であることはできない。つまり、誰もがこの現実に加担しているのである。

こうしてタナトスの重要性についてもっぱら語ってきたが、実際に生命が存在しているという事態を考えるなら、『快感原則の彼岸』でフロイトが語っているように、現実はエロスとタナトスという二つの本能のせめぎ合いとして考える方が相応しいように思われる。もし、タナトスの力しか認めないなら、永遠に非生物は生物になれず、生命の起源などの説明がつかないからである。

この二元論的な説明について、ジュディス・L・ハーマンは「マニ教的」と形容している。

何ものも存在し得ないところには永遠に何も起こり得ない。もしそれでいいというのなら、宇宙は、物質も生命も花々も星々も存在しない、永遠に空っぽなままで良かった。そもそも、死というものが、たとえ好ましいことだとしても起こり得るためには、何ものかが生まれてくるのでなければならない。タナトスが意味のあるものであるためにはエロスが必要不可欠なのだ。タナトス自体のみで意味あるものとして存在することなど永遠にあり得ない。たとえタナトスに身を委ねることが幸福に思える場合でさえ。タナトスはエロスとの関係性の中でのみ意味があるのだ。しかし、それはタナトスがエロスに還元され得るということではない。私たちが生き、そして存在しているということ自体が、世界には、あるいは宇宙には意味があるということの基盤なのだ。

なるほど、私たちには確実にいつか滅びる日が訪れることだろう。だからといって、私たちが生きて来たことが無意味だったなどとは絶対に誰にも言えはしないはずだ。何故なら、生きていることそのものがすでに意味なのだから。

存在は世界を意味づけることができても、無には世界を意味づけることなどできっこないのだ。もしタナトスに全面的に身を委ねることが問題になっているのならば、どうして即座に死んでしまわないのか？　そうではなくて、死に行く者として生きることこそが問題になっているのではないのか？

もしも「人間には生と死を判断しコントロールする権限はない」（三六八ページ）のであれば、「この社会の勝利者である人や、勝利者を目指している人」（三八八ページ）に何ができるというのか？　答えは明白、何もすることなどできはしないのである。彼らもまた、現実に対して人間としてコミットすることしかできないのだから。つまり、この本の主張は「まだら」なのだ。首尾一貫していないのである。しかし、だからといって、この本に存在するだけの価値がないなどと私は言いたいのではない。

私たちはいつだって滅びることができるし、滅ぶ可能性を持っている。しかし、私たちは死に行く者、滅び行く者として生きるのであって、それ以外に選択の余地はないのだ。私たちは、たとえ自分たちが滅びねばならない宿命の下にあろうと、それでも可能な限り生きて行きたいのである。

私には、死すべき者のみが祝聖されてあるというバタイユ的な論理は、たとえ絶対者に裏打ちされているのであろうとなかろうと受け容れることはできない。つまり、誰もがみんなで殺し殺されることを受け容れるべきだという主張は窮極的に誤りだと言わざるを得ないように私には思えるのだ。そして、バタイユ的な論理を「まだらに」、つまり、傍観者があるかのように解釈している人たちは、私に言わせればごまかしでしかあり得ない。私たちは可能な限り私たちが生きて行けるよう最大限努力すべきなのだ。それでも、死者をなくすことはできないのだから、私たちは死から目を逸らすことはできないだろう。

「『私たちもまた、無数の種（スピーシーズ）のなかのたったひとつの種にすぎないのだ』ということです」（三六八ページ）と述べることで著者は何を示唆しようとしているのか？多分、種としての人類が滅びるかもしれないということであろう（でなければ、この一節には何の意味もなくなってしまう）。とすると、すぐ後の箇所、「むろん全員が滅びるのではなくて、何割かは生き延びて新しい世界をつくるだろう」（同書、三六八ページ）と言う際の「生き延び」る者たちとは何なのだろう？　人類なのだとすれば、それは何ら人類が滅びるのではないと言っているのと同じことになる（それとも、それはウイルスだとでも言いたいのだろうか？）。この思考の詰めの甘さはこの本の致命的な欠陥になりかねない。しかし、この矛盾した有り様こそがこの本の基本的な論調を決定付けているものなのである。

そして、この矛盾した有り様から、それなりに何らかの深い洞察を引き出すことができているのなら、この矛盾そのものにも意味があったのだと言えなくもないはずである。

引用・参考文献

Abbr.　AW: “Antoine Watteau (1684-1721) The Painter, His Age and His Legend” (Texts edited by François MOUREAU and Margaret MORGAN GRASSELLI ; CHAMPION-SLATKINE, Paris-Genève, 1987)

凡例

1. 年号は、翻訳本に関しては、邦訳が出た年、ないしは邦訳が収められた本の刊行年である。邦訳がない文献に関しては、原著の出た年を表している。

2. 欧米の著作者の名前は、ファミリー・ネームのみを全体として表示し、それ以外の名前は頭文字で略して、ファミリー・ネームの後にコンマを介して付した。

3. 著作名に関しては、それ以外の作品と共に複数の著者が一つの書物に収められているものに関しても、それ単体で一つの作品と考えられるものについては『』で括って表示した。それ以外の著作は「」で括ってある。

Bataille, G. 1972 山本功訳『戦争／政治／実存』（著作集14）二見書房
―――― 1973 生田耕作訳『呪われた部分』（著作集6）二見書房
―――― 1975 生田耕作訳『不可能なもの』（著作集2）二見書房
―――― with Hyppolite, J. 1978 恒川邦夫訳「討論　罪について」（清水徹、出口裕弘編『バタイユの世界』所収）青土社
―――― 1970 出口裕弘訳『内的体験』現代思潮社
Benjamin, W. 1970 高木久雄、高原宏平訳「複製技術時代における芸術作品」（『ヴァルター・ベンヤミン著作集2』所収）、晶文社
―――― 1975 野村修編訳『書簡Ⅰ　1910-1923』（『ヴァルター・ベンヤミン著作集14』）晶文社
―――― 1975 川村二郎、三城満禧訳『ドイツ悲劇の根源』法政大学出版局
Bernoulli, R. 1992 種村季弘訳『錬金術とタロット』河出書房新社
Biale, D. 1984 木村光二訳『カバラーと反歴史　評伝ゲルショム・ショーレム』晶文社
Blanc, A. 1987 Watteau et le théâre français, in AW, CHAMPION-

SLATKINE
Clébert, J.-P. 1989 竹内信夫、柳谷巌、瀬戸直彦、アラン・ロシェ共訳『動物シンボル事典』大修館書店
Cook, R. 1982 植島啓司訳『イメージの博物誌15 生命の樹――中心のシンボリズム』平凡社
Deleuze, G. 1992 財津理訳『差異と反復』河出書房新社
――――; Guattari, F. 1986 市倉宏祐訳『アンチ・オイディプス』河出書房新社
Eidelberg, M. 1987 Watteau in the Atelier of Gillot, in AW, CHAMPION-SLATKINE
Eliade, M. 1991 島田裕巳、柴田史子訳『世界宗教史Ⅱ――ゴータマ・ブッダからキリスト教の興隆まで――』筑摩書房
Erasmus, D. 1969 渡辺一夫、二宮敬訳「痴愚神礼賛」（『世界の名著 17 エラスムス／トマス・モア』所収）中央公論社
Fernandez, D. 1989 榊原晃三訳『除け者の栄光』、新潮社
Freud, S. 1969 高橋義孝訳『否定』、「レオナルド・ダ・ヴィンチの幼年期のあ

る思い出」（『フロイト著作集3』所収）人文書院
――――　1970　改訂版　安田徳太郎、安田一郎訳『精神分析入門』角川書店（角川文庫）
――――　1970　小此木啓吾訳「快感原則の彼岸」（『フロイト著作集6』所収）人文書院
Gardner, M.　1971　坪井忠二、小島弘共訳『自然界における左と右』紀伊國屋書店
Goethe, J. W. v.　1980　生野幸吉訳『西東詩集』（『ゲーテ全集2　詩集』所収）潮出版社
Gombrich, E. H.　1979　瀬戸慶久訳『芸術と幻影』岩崎美術社
Grant, M. ; Hazel, J.　1988　西田実、入江和生、木宮直仁、中道子、丹羽隆子共訳『ギリシア・ローマ神話事典』大修館書店
Hall, M. P.　1981　大沼忠弘、山田耕士、吉村正和訳『象徴哲学大系Ⅲ　カバラと薔薇十字団』人文書院
Hegel, G. W.　1951　松村一人訳『小論理学（上）』岩波書店（岩波文庫）
――――　1952　松村一人訳『小論理学（下）』岩波書店（岩波文庫）

——　1952　武市健人訳『哲学入門』岩波書店（岩波文庫）
——　1967　山本信訳「『精神現象学』序論」（『世界の名著35　ヘーゲル』所収）中央公論社
Herman, J. L.　1999　中井久夫訳『心的外傷と回復〈増補版〉』みすず書房
Hoffmann, E. T. A.　1987　種村季弘訳　『ブランビラ王女』筑摩書房（ちくま文庫）
Husserl, E.　1968　立松弘孝訳『論理学研究Ｉ』みすず書房
——　1970　小池稔訳『厳密な学としての哲学』（『世界の名著51　ブレンターノ／フッサール』所収）中央公論社
Jung, C. G.　1992　野村美紀子訳『変容の象徴（上）（下）』筑摩書房（ちくま学芸文庫）
Juranville, A.　1991　高橋哲哉、内海健、関直彦、三上真司訳『ラカンと哲学』産業図書
Kafka, F.　1980　川村二郎・円子修平訳「流刑地にて」（決定版カフカ全集１『変身、流刑地にて』所収）新潮社
——　1981　飛鷹節訳「仮死について」（決定版カフカ全集３『田舎の婚礼

柄谷行人　準備、父への手紙』所収）新潮社
――――　1988『内省と遡行』講談社（学術文庫）
――――　1989『批評とポスト・モダン』福武書店（福武文庫）
――――　1989『隠喩としての建築』講談社（学術文庫）
Kindermann, H.　1980 Commedia dell'Arte, in "The New Encyclopædia Britannica 15th Edition, Macropædia Volume 4", Encyclopædia Britannica, Inc.
Klossowski de Rola, S.　1978　種村季弘訳『イメージの博物誌6　錬金術――精神変容の秘術』平凡社
Kristeva, J.　1979 Le vréel, in "Folle vérité ――Vérité et vraisemblance du texte psychotique", Éditions du Seuil
――――　1984　枝川昌雄訳『恐怖の権力――〈アブジェクシオン〉試論』法政大学出版局
栗本慎一郎　1984『幻想としての経済』角川書店（角川文庫）
――――　1988『パンツを捨てるサル』光文社
――――　1988『意味と生命』青土社

黒田玲子　1992　『生命世界の非対称性』中央公論社（中公新書）

Lacan, J.　1972　宮本忠雄、竹内迪也、高橋徹、佐々木孝次共訳『エクリⅠ』弘文堂

――　1977　佐々木孝次、三好暁光、早水洋太郎共訳『エクリⅡ』弘文堂

――　1984　小出浩之、鈴木國文、小川豊昭訳「鏡像段階論」（岩波講座精神の科学『別巻　諸外国の研究状況と展望』所収）岩波書店

Lacoue-Labarthe, P.　1992　浅利誠、大谷尚文訳『政治という虚構――ハイデガー、芸術そして政治』藤原書店

Lyotard, J.-F.　1965　高橋允昭訳『現象学』（文庫クセジュ）白水社

Macchia, G.　1987　Le mythe théâtral de Watteau, in AW, CHAMPION-SLATKINE

Mallarmé, S.　1974　鈴木信太郎、南条彰宏、松室三郎訳（『世界文学大系48　マラルメ／ヴェルレーヌ／ランボオ』所収　マラルメの項）筑摩書房

――　2014　渡辺守章訳『マラルメ詩集』岩波書店（岩波文庫）

Martin du Gard, R.　1956　山内義雄訳『チボー家の人々（1）～（5）』白水社

丸山圭三郎　1987『言葉と無意識』講談社（現代新書）
松前健　1983「月と水」（日本民俗文化大系2『太陽と月――古代人の宇宙観と死生観――』小学館
Marx, K.　1964 大内兵衛、細川嘉六監訳「経済学批判への序説」（『マルクス＝エンゲルス全集13』所収）大月書店
――――　1975 大内兵衛、細川嘉六監訳「1844年の経済学・哲学手稿」（『マルクス＝エンゲルス全集40』所収）大月書店
Miller, J.-A.　1992「顕微鏡視」（藤田博史、片山文保訳　ジャック・ラカン『テレヴィジオン』所収）青土社
中島梓　2005『タナトスの子供たち――過剰適応の生態学』筑摩書房（ちくま文庫）
中山公男　1976「ジル（ピエロ）」の作品解説（『世界美術全集17　ワトー』所収）集英社
大澤真幸　1992『行為の代数学』青土社
Pascal, B.　1966 由木康訳「幾何学的精神について」の第二部「説得術について」

（『世界の名著24　パスカル』所収）中央公論社

Platon　1972　鈴木照雄訳『饗宴』（『世界文学大系3　プラトン』所収）筑摩書房

Poe, E. A.　1974　丸谷才一訳『盗まれた手紙』（『ポオ小説全集4』所収）東京創元社（創元推理文庫）

Rosenberg, P.　1987　Répétitions et répliques dans l'oeuvre de Watteau, in AW, CHAMPION-SLATKINE

Rousseau, J.-J.　2008　中山元訳『社会契約論／ジュネーヴ草稿』光文社（古典新訳文庫）

Sartre, J.-P.　1965　改訂版　清水徹訳「新しい神秘家」（サルトル全集11『シチュアシオンI』所収）人文書院

澤井繁男　1992『錬金術——宇宙論的生の哲学』講談社

Tomlinson, R.　1987　Fête galante et/ou foraine ? Watteau et le théâtre, in AW, CHAMPION-SLATKINE

Vries, A. d.　1984　荒このみ、上坪正徳、川口紘明、喜多尾道冬、栗山啓一、竹中

昌宏、深沢俊、福士久夫、山下主一郎、湯原剛共訳『イメージ・シンボル事典』大修館書店

Walker, B. G. 1988 青木義孝、栗山啓一、塚野千晶、中名生登美子、山下主一郎共訳『神話・伝承事典』大修館書店

山口昌男 1986『道化的世界』筑摩書房（ちくま文庫）

Zolotov, Y. 1987 Watteau : iconosphère et personnalité d'artiste, in AW, CHAMPION-SLATKINE

雑誌・書誌

Anderson, E. ; Berenyi, M. ; Cracknell, S. 〈a discussion: "Saint Etienne vs Lush"〉司会山下えりか、構成宮嵜広司（『ロッキング・オン一九九四年八月号』所収）株式会社ロッキング・オン

Black, F. 〈interview〉聴き手宮嵜広司（『ロッキング・オン一九九四年九月号』所収）株式会社ロッキング・オン

市川哲史「アンディ・パートリッジは死なない」（『ロッキング・オン一九九四年八月号』所収）株式会社ロッキング・オン

栗本慎一朗 with 丸山圭三郎〈対談〉（『現代思想　一九八六年三月号（マイケル・ポランニー特集）』所収）青土社

栗本慎一郎〈インタビュー〉、中村雄二郎「〈暗黙知と共通感覚〉」（以上『現代思想　一九八八年一月号（生命のセマンティクス特集）』所収）青土社

大伴良則〈シンニード・オコナーの「ユニヴァーサル・マザー」のdiscreview〉（『クロスビート一九九四年九月号』所収）株式会社シンコー・ミュージック

あとがき

ここに集められた論考について解説めいたことを書こうとして、大したことができないことに我ながら気付いた。私は一九九五年に統合失調症に罹患したのだが、それ以前の自分の、とりわけ抽象的な概念を介した時の思考力に今の自分のそれが及ばないのを自分の書き物を読み返すたびに痛感するので、大したことができそうにないのだ。

これらの論考のうち二〇〇〇年代に書かれた二つの短い論考については、今の自分とあまり変わらないので、理解も解説もできるのだが、それ以外の三篇については、ほぼお手上げと言っていい。かと言って、二つの短い論考は解説の必要があまりないほど意味は明白だろうと思う。

「ポピュラー・ミュージックにおける『エンターテインメント（娯楽）』の概念」の註の部分の発想には、スピノザの『エチカ』の参照マシーン的な書き方の影響が見られる。それと、私は佐々木中氏の『夜戦と永遠』（河出文庫）を割と高く評価しているのだが、氏のラカンへのアプローチには、私のヴァトー論におけるラカンへの言及と共通するものが感じられると言っておこう。とは言え、私のラカンの理解には、私のカバラ修行の師である大沼忠弘先生からの影響もあるので同じとは言えないだろうとも言っておこう。
私の統合失調症の一因はカバラ修行にあると今も私は思っている。とは言え、カバラで学んだことは私に多くのことをもたらしたので、今もまったく後悔してはいない。そこから私は私の聖杯探求において大いに役立ってくれた多くのことを学んだのだから。

清水 希有

二〇一八年四月

著者プロフィール

清水 希有（しみず けう）

1964年生まれ、茨城県出身。

日本大学国際関係学部国際文化学科フランス語コースを卒業後、早稲田大学第一文学部に学士入学。フランス文学を専攻して卒業。卒業論文はジョルジュ・バタイユ（「『太陽肛門』について」）。この卒論は、詩的言語と精神病者の言語の差異あるいは類似性を分析する概念装置としてロシアの心理学者ヴィゴツキーの著書『思考と言語』の付録「精神分裂症における概念の破壊」（当時は統合失調症という病名への改変はまだなされていなかった）に注目し、当時流行していた構造主義の影響のもと書かれた論文である。この論文で考えたことは、後に自らが統合失調症に罹患した際、その体験を内省する上で有益だった。

一時期、エコロジー関連の雑誌の編集部で編集者として働く。

未完の翻訳、執筆活動などを行う。

趣味は、映画鑑賞、絵画鑑賞、ロック・コンサートに行くこと、読書、描画（デッサン）など。

現在茨城県在住。既刊の著書に『詩集　影踏み』（文芸社、2012年）がある。

不羈《ふき》と抑制　批評的闘争の記録

2018年12月15日　初版第１刷発行

著　者　清水 希有
発行者　瓜谷 綱延
発行所　株式会社文芸社
〒160-0022　東京都新宿区新宿1－10－1
電話　03-5369-3060（代表）
03-5369-2299（販売）

印刷所　株式会社フクイン

ISBN978-4-286-20021-7